図解でわかる
生活保護

鈴木忠義 編著

中央法規

はじめに

　「生活保護の申請は国民の権利です。」──厚生労働省のホームページでは、こう説明しています。しかし、多くの人にとって「生活保護」という制度は敷居が高いのではないでしょうか。
　以前、ある有名人の親族が生活保護を受給していることがメディアで話題となり、バッシングされたことがありました。また、私はホームレスの方々とかかわるボランティア活動に参加していましたが、生活保護の申請を勧めても「生活保護は受けたくない」というホームレスの方が少なくありませんでした。中には「高齢にならないと生活保護は受けられない」、「住所がないと生活保護は受けられない」などと制度を誤解している方もいました。このように、生活保護に対する誤解や偏見、また生活保護を利用することについて「恥」の意識を持つ人が少なくないように思われます。
　生活に困窮する人々を支援するための制度には生活保護制度のほか、生活困窮者自立支援制度、生活福祉資金貸付制度などがありますが、これらは社会の「セーフティネット」（安全網）の役割をもっています。
　「セーフティネット」とは、もともとはサーカスの会場に張られる転落防止用の網のことをいいます。サーカスの演技をする人が、万一演技で失敗（ミス）をして落下したときに命を守るために張られています。では、演技で失敗しなかったら、張られた網は必要なかったことになるのでしょうか。そうではないと思います。というのは、演技力に自信があって「自分は絶対失敗しない！」と思っている人であっても、失敗するリスク（危険性）が０（ゼロ）にはならないからです。もし網が張られていないなかで演技することになったら、失敗が命取りになるため、相当なプレッシャーがかかるでしょう。プレッシャーに負けて本来の演技力を発揮できず、成功するはずの演技に失敗してしま

うかもしれません。逆に、網が張られていればプレッシャーが軽くなり、安心して演技できるので、本来の実力を発揮しやすくなるでしょう。

　社会の「セーフティネット」についても同じことがいえます。働く場や住まいがあり、健康に恵まれ、自分の力で経済的に不自由がない生活をしている間は、「セーフティネット」の必要性は感じないかもしれません。しかし、人はいつ何時、傷病や障がい、リストラ、倒産、失業などの出来事に直面するか分かりません。年齢を重ねて体力が低下すると、若い頃と同じように働いて収入を得ることが難しくなります。このように、生活に困窮して貧困状態に陥るリスクは誰にでもありますが、社会の安全網が張られていれば、制度を利用する人もしない人も安心して生活することができます。つまり、安全網が張られていることによって、すべての人が安心して暮らすことができるのです。

　本書では、「貧困とは？」（第1章）、「生活保護制度」（第2章）、「生活困窮者自立支援制度」（第3章）、「生活福祉資金貸付制度」（第4章）、「貧困状態にある人へのさまざまな支援施策」（第5章）、「貧困状態にある人の生活を支える関係機関」（第6章）、「貧困状態にある人の生活を支える人たち」（第7章）、「支援制度の活用事例」（第8章）について図を用いて分かりやすく解説しています。読者のみなさんにとって、本書が制度・施策に対する敷居を少しでも低くする一助になれば幸いです。

　読者のみなさんには、周囲に生活に困っている人がいたらためらわず最寄りの相談機関に行って相談するように勧めていただくとともに、もし自身が生活に困窮したときはためらわずに「権利」を行使していただくことを願っています。

　最後になりますが、本書の執筆を分担された先生方、ならびに編集作業をされた中央法規出版の方々に心より感謝申し上げます。

2024年12月

鈴木忠義

図解でわかる生活保護 目次

はじめに

第 1 章　貧困とは？

- 01 貧困とは？……2
- 02 貧困状態にある人の生活実態……4
- 03 貧困状態にある人を取り巻く社会環境……6
- 04 相対的貧困率の推移……8
- 05 公的扶助とは？……10
- 06 公的扶助の歴史……12
- 07 生活保護の動向……14

第 2 章　生活保護制度

- 01 生活保護制度とは？①：目的……18
- 02 生活保護制度とは？②：基本原理と原則……20
- 03 生活保護制度とは？③：扶養義務……22

04 生活保護制度の課題①：自動車の保有 …… 24
05 生活保護制度の課題②：外国人の生活保護 …… 26
06 資産、能力および他法他施策の活用 …… 28
07 生活保護のしくみ …… 30
08 医療扶助の方法 …… 32
09 介護扶助の方法 …… 34
10 保護施設 …… 36
11 生活保護受給者に対する日常生活支援 …… 38
12 保護の要否判定 …… 40
13 生活保護基準の考え方 …… 42
14 最低生活費の算出方法 …… 44
15 収入認定額の計算方法 …… 46
16 就労自立給付金 …… 48
17 進学・就職準備給付金 …… 50
18 生活保護世帯に対する相談援助と自立支援 …… 52
19 自立支援プログラム …… 54
20 被保護者に対する就労支援 …… 56
21 被保護者に対する家計改善支援 …… 58
22 被保護者に対する健康管理支援 …… 60
23 制度の活用①：生活保護受給の手続き …… 62
24 制度の活用②：相談支援のプロセス …… 64

25 制度の活用③：被保護者の権利および義務 …… 66
26 制度の活用④：不服申立てと訴訟 …… 68

第3章 生活困窮者自立支援制度

01 生活困窮者自立支援制度とは？ …… 72
02 生活困窮者自立支援制度のしくみ …… 74
03 自立相談支援事業 …… 76
04 住居確保給付金 …… 78
05 就労支援 …… 80
06 一時生活支援事業 …… 82
07 家計改善支援事業 …… 84
08 子どもの学習・生活支援事業 …… 86
09 制度の活用：相談支援の流れ …… 88

第 4 章　生活福祉資金貸付制度

- 01 生活福祉資金貸付制度とは？ …… 92
- 02 貸付資金の種類と貸付条件 …… 94
- 03 制度の活用：貸付手続き（借入申し込み）の流れ …… 96

第 5 章　貧困状態にある人へのさまざまな支援施策

- 01 無料低額宿泊所 …… 100
- 02 無料低額診療事業 …… 102
- 03 求職者支援制度 …… 104
- 04 公営住宅制度 …… 106
- 05 ホームレス対策 …… 108
- 06 子どもの貧困対策 …… 110

第6章 貧困状態にある人の生活を支える関係機関

- 01 国の役割 …… 114
- 02 都道府県、市町村の役割 …… 116
- 03 福祉事務所の役割 …… 118
- 04 自立相談支援機関の役割 …… 120
- 05 社会福祉協議会の役割 …… 122
- 06 地域包括支援センターの役割 …… 124
- 07 ハローワークの役割 …… 126

第7章 貧困状態にある人の生活を支える人たち

- 01 ケースワーカー …… 130
- 02 社会福祉士 …… 132
- 03 精神保健福祉士 …… 134
- 04 保健師・退院後生活環境相談員 …… 136
- 05 ケアマネジャー（介護支援専門員）…… 138
- 06 医師・看護師 …… 140

07 主任相談支援員 …… 142
08 地域福祉コーディネーター・生活支援コーディネーター …… 144
09 民生委員・児童委員 …… 146
10 弁護士 …… 148
11 家族、ボランティア …… 150

第8章 支援制度の活用事例

01 ホームレス状態から生活保護制度を
   利用した地域移行支援 …… 154
02 老々介護世帯のそれぞれの入院から
   在宅復帰までの支援 …… 160
03 金銭管理支援事業を利用した
   ひとり親世帯の家計改善への支援 …… 164
04 人とのつながりを回復し就職した
   HさんとIちゃんへの自立相談支援 …… 168
05 生活福祉資金貸付制度を通じて
   Jさん世帯の自立を包括的に支援した事例 …… 176

索引／執筆者一覧

第 1 章

貧困とは？

01 貧困とは？

▶「絶対的貧困」と「相対的貧困」

「貧困」と聞いて、どのような状態をイメージするでしょうか。「貧困」には、**絶対的貧困**」と「**相対的貧困**」があるといわれています。

「絶対的貧困」とは、時代や社会状況から独立した指標によって設定された基準によって判定される貧困のことです。飢餓状態はその典型であり、肉体的生存のための生活手段を手に入れることができない状態をいいます。それに対して、「相対的貧困」とは、特定の時代や社会状況のもとで国民（住民）一般の生活水準との比較をもとに設定された基準によって判定される貧困のことです。例えば、周りの人が所持しているものを経済的な理由で手に入れることができず、学業や仕事に支障が出たり、社会的に孤立したりすることがあります。

今日における日本の貧困問題を理解するためには、「絶対的貧困」だけでなく「相対的貧困」に注目する必要があります。

▶「物質的」な貧困と「非物質的」な貧困

さらに、「貧困」は、物質的な面だけでなく非物質的な面からも理解する必要があります。英国の貧困研究者であるルース・リスターは、「不利で不安定な経済状態」（物質的な面での貧困）とともに「関係的・象徴的な側面」（非物質的な面での貧困。すなわち、声の欠如、軽視、屈辱、尊厳や自尊感情への攻撃、恥辱やスティグマ、無力さ、人権の否定、シチズンシップ縮小など、屈辱的で人々を蝕むような社会関係）を強調しています。このように、「貧困」は、お金やモノの欠如とともに人間の尊厳が侵される社会関係の問題でもあります。

貧困の定義 図

「絶対的貧困」と「相対的貧困」

絶対的貧困

時代や社会状況から独立した指標によって設定された基準によって判定される貧困
（例：飢餓状態）

相対的貧困

特定の時代や社会状況のもとで国民（住民）一般の生活水準との比較をもとに設定された基準によって判定される貧困

分かりにくい…

物質的／非物質的な貧困の車輪

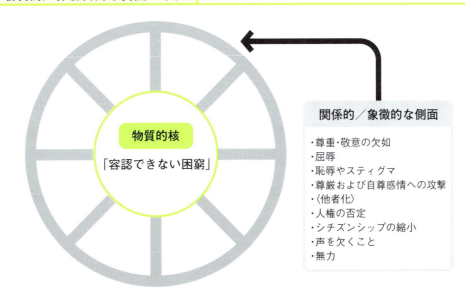

物質的核
「容認できない困窮」

関係的／象徴的な側面
- 尊重・敬意の欠如
- 屈辱
- 恥辱やスティグマ
- 尊厳および自尊感情への攻撃
- 〈他者化〉
- 人権の否定
- シチズンシップの縮小
- 声を欠くこと
- 無力

出典：ルース・リスター、松本伊智朗監訳、松本淳・立木勝訳『新版 貧困とはなにか―概念・言説・ポリティクス』明石書店、p.29、2023年

02

貧困状態にある人の生活実態

▶「家庭の生活実態及び生活意識に関する調査」について

　貧困状態にある人々はどのような生活をしているのでしょうか。ここでは、その手がかりとして厚生労働省が実施している**「家庭の生活実態及び生活意識に関する調査」**からみていきたいと思います。

　「家庭の生活実態及び生活意識に関する調査」は、一般世帯および生活保護受給世帯を対象に、その生活実態と生活意識を把握するための調査で、最近では2022（令和4）年度に実施され、結果が公表されています。

▶ 調査からみえる生活実態

　2022（令和4）年度の調査結果について、「金銭的に余裕がない」・「生活費の不足」に関するものをピックアップしたものです。母数の違い（一般世帯10,000、生活保護世帯976）があるので単純な比較はできませんが、各項目において一般世帯よりも生活保護世帯において比率が高く、==生活保護世帯においては、経済面での制約によって衣食や文化的生活、社会参加などが制限されている==ことがうかがえます。

▶ 調査からみえる生活意識

　生活意識について、現在の暮らしへの意識について、一般世帯の50.03％、生活保護受給世帯の63.01％が「大変苦しい」または「やや苦しい」と回答しています。==一般世帯、生活保護世帯ともに多くの人々が生活の面でゆとりのなさを感じている==ことがわかります。

令和4年「家庭の生活実態及び生活意識に関する調査」の結果

経済的事由（「金銭的に余裕がない」「生活費の不足」）により…

食事

項目	一般世帯	生活保護世帯
1日2回以上食事をしていない	0.52%	2.05%
2日に1回以上タンパク質を摂っていない	1.24%	3.69%
1日に1回以上野菜を食べていない	1.02%	3.28%

衣服

項目	一般世帯	生活保護世帯
衣服の購入制約が何度もあった	2.93%	5.12%
下着の購入制約が何度もあった	1.7%	5.12%
晴れ着、礼服を持っていない	2.66%	16.39%

社会参加等

項目	一般世帯	生活保護世帯
親族や友人への訪問等の制約	1.46%	5.53%
親族の冠婚葬祭にほとんど出席しない	0.88%	8.3%
友人・知人の冠婚葬祭にほとんど出席しない	1.23%	13.22%
泊りがけの旅行（帰省を含む）の制約	13.83%	54.2%
外食を楽しむ機会がほとんどない	4.35%	15.27%
各種鑑賞に行っていない	4.46%	23.36%

その他

項目	一般世帯	生活保護世帯
冷暖房使用の制約が何度もあった	1.99%	7.68%
インターネットをほとんど利用していない	0.38%	1.33%
生命保険に加入していない	6.48%	33.09%

現在の暮らしへの意識

項目	一般世帯	生活保護世帯
大変苦しい	19.1%	16.8%
やや苦しい	30.93%	46.21%

資料：厚生労働省「令和4年家庭の生活実態及び生活意識に関する調査」（2024年）をもとに作成

03 貧困状態にある人を取り巻く社会環境

▶ 雇用・就業の不安定化と社会関係の希薄化

　貧困状態をもたらす要因として、経済生活、日常生活、社会生活の困難があります。

　それらの背景にある社会環境として特に重要なものとして、**雇用・就業の不安定化と社会関係の希薄化**があげられます。終身雇用、年功序列型賃金、企業別労働組合を特徴とする日本型雇用システムが崩壊し、さらにグローバル化や科学技術の発展によって雇用が流動化した結果、雇用・就業の不安定化が進みました。社会関係の希薄化に関しては、「無縁社会」といわれているように、「地縁」（地域のつながり）、「血縁」（家族・親族のつながり）、「社縁」（職場でのつながり）による人と人との関係が薄くなり、フォーマル・インフォーマルの両面でサポートが受けにくくなっています。

　さらに、災害や感染症の流行といった事態が加わることもあります。こうした社会的背景のもと、多くの人々が貧困状態に陥るリスクに直面しています。

▶ 「格差社会」――所得格差の拡大

　一方、所得格差にも注目する必要があります。所得格差を示す指標として**ジニ係数**があります。ジニ係数は０から１の値をとり、０に近いほど所得格差が小さく（平等）、１に近いほど所得格差が大きい（不平等）ということになります。

　日本における所得再分配（高所得者から税や社会保険料を徴収し、低所得者に分配（給付）すること）によるジニ係数の変化をみると、2021（令和３）年度のジニ係数は、当初所得0.5700、所得再分配後の再分配所得は0.3813でした。税や社会保障による所得再分配の結果、33.1％改善され、平等に近づいたことになりますが、依然として格差は残されています。

貧困状態にある人を取り巻く社会環境　図

貧困状態にある人を取り巻く社会環境

日常生活の困難
例
・健康問題（病気・けが）
・障がい
・育児、介護問題

社会関係の希薄化

社会生活の困難
例
・孤独、孤立
・社会的居場所がない

経済生活の困難
例
・労働問題（就職難、失業、低賃金など）
・家計のひっ迫（物価上昇、教育費）
・雇用、就業の不安定化

→ 貧困状態

（災害）
（感染症の流行）
など

所得再分配によるジニ係数の変化

資料：厚生労働省政策統括官（総合政策担当）「令和3年度所得再分配調査報告書」（2023年）をもとに作成

04 相対的貧困率の推移

▶ 相対的貧困率とは

　日本国内で貧困状態にある人はどのくらい存在するのでしょうか。その代表的な指標として、**「相対的貧困率」**があります。**「相対的貧困率」とは、貧困線に満たない世帯員の割合のことです。** OECD（経済協力開発機構）により算出され、国際比較もされています。日本では、「国民生活基礎調査」で定期的に調査が行われています。

　相対的貧困率における貧困線とは、等価可処分所得（世帯の可処分所得を世帯人員の平方根で割って調整したもの）の中央値の半分の水準で設定されます。ここでの中央値とは、可処分所得の低い人から順に並べて真ん中の順位の人の所得を指します。ちなみに、2021（令和３）年の貧困線（OECDの所得定義の新基準）は一人あたり127万円（所得中央値は254万円）となっています。

▶ 相対的貧困率の現状

　相対的貧困率の年次推移（1985～2021年）をみると、2021（令和３）年の相対的貧困率は15.4％で、1985年以降は年によって増減があるものの微増傾向にあります。子どもの貧困率は11.5％で、やはり年によって増減がありますが、前回調査（2018年（OECD新基準））に比べて2.5％減少しています。

　特徴的であるのは、「子どもがいる現役世帯のうち大人が一人の世帯の貧困率」、すなわちひとり親世帯の貧困率が高い水準にあることです。2021（令和３）年は44.5％で、前回調査（2018年（OECD新基準））より3.8％減少しているものの、依然として全体の相対的貧困率を大きく上回り、４割を超えています。**とりわけひとり親世帯において、不安定な生活を強いられ、貧困に陥るリスクが高いこと**がうかがえます。

相対的貧困率の推移 図

相対的貧困率の算出方法

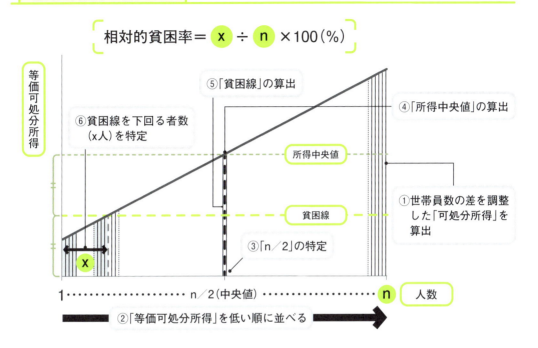

貧困率の推移

	2018(平成30)年 旧基準	2018(平成30)年 新基準	2021(令和3)年 新基準
相対的貧困率	15.4	15.7	15.4
子どもの貧困率	13.5	14.0	11.5
子どもがいる現役世帯	12.6	13.1	10.6
大人が一人	48.1	48.3	44.5
大人が二人以上	10.7	11.2	8.6

相対的貧困率を見ると、日本人のおよそ6人に1人が貧困状態にあるといえます。

05
公的扶助とは？

▶ 社会のセーフティネットとしての公的扶助

　公的扶助とは社会保障の一つで、生活に困窮する者に対して公費で給付を行い、ナショナル・ミニマム（健康で文化的な最低限度の生活）を保障する制度のことです。日本では生活保護制度がこれに該当します。

　社会保障のなかで公的扶助は、「**最後（第3）のセーフティネット**」に位置づけられます。ここでのセーフティネットとは、生活の安全網という意味で、生活困窮に陥るリスクが発生したときに最低限度の生活を保障するしくみを指しています。

▶ 社会のセーフティネットの全体像

　右図は、社会のセーフティネットを構成する社会保障および関連制度を表したものです。生活問題から人々の生活を守るためのネットが複層的に用意されています。

　雇用対策と住宅対策は社会保障関連制度であり、生活におけるリスク要因の発生を防ぐ役割を持っています。リスクが発生しても生活困窮に陥ることを防ぐ制度（防貧）として、社会保障制度（社会保険、社会福祉、社会手当）があります。第1のセーフティネットの役割を担っています（安全網①）。そこから漏れてしまった人への対応として、第2のセーフティネットの制度が設けられています（安全網②）。最低生活を下回る前の段階での支援（防貧）が行われます。

　生活保護は、最低生活を下回る人に対して最低生活を保障（救貧）するための、いわば最後の砦となる制度といえます（安全網③）。ただ、もし生活保護が受けられないこと（漏給）になると、「健康で文化的な最低限度の生活」を下回る生活を余儀なくされることになります。

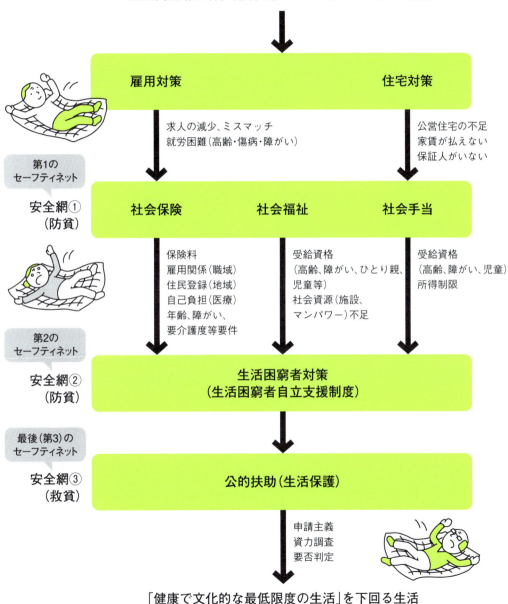

社会のセーフティネットの全体像 図

05 公的扶助とは？

06 公的扶助の歴史

▶ 戦前の救貧制度

日本において生活困窮者を保護（救済）する主な制度としては、**恤救規則**（1874（明治7）年公布）、**救護法**（1929（昭和4）年制定・1932（昭和7）年施行）、**旧生活保護法**（1946（昭和21）年制定・施行）、そして現行法である**新生活保護法**（1950（昭和25）年制定・施行）となって今日にいたっています。戦前の恤救規則、救護法は救貧制度であり、公的扶助制度のような国家責任、権利性は確立されていませんでした。

▶ 救貧制度から公的扶助制度へ

戦後はGHQ（連合国軍総司令部）の主導のもとで制度の整備が進められ、1946（昭和21）年に旧生活保護法が制定されました。旧生活保護法は、救護法の制限扶助主義（労働能力のある者を対象から排除する）を改め一般扶助主義（労働能力の有無にかかわらず保護の対象とする）をとり、無差別平等原則を採用、国家責任を明文化しました。一方、救護法と同様に欠格条項（素行不良な者や勤労を怠る者等を排除する）が設けられました。

その後、日本国憲法（1946（昭和21）年制定、翌年施行）における生存権保障を具体化するため、1950（昭和25）年に新生活保護法（現行法）が制定されました。新生活保護法の特徴として、主に次のことがあげられます。（1）生存権保障を明確化し、保護請求権と不服申立権を認めた。（2）最低生活の保障を目的として位置づけた。（3）労働能力の有無や困窮の理由を問わず、生活困窮者一般に対象を拡大（欠格条項を削除）した。このように、新生活保護法の制定によって、公的扶助制度の理念が制度化されたことになります。

公的扶助制度の歴史と理念　図

恤救規則、救護法、生活保護法（旧法・新法）の比較

	恤救規則 （1874年公布）	救護法 （1929年制定・1932年施行）	旧生活保護法 （1946年制定・施行）	新生活保護法 （1950年制定・施行）
理念	「人民相互の情誼」＝相互扶助	公的救護義務主義、制限扶助主義	国家責任、一般扶助主義	国家責任、一般扶助主義
主体	中央集権的救貧行政機構であるが、地方官の判断により実施	救護機関：市町村長 補助機関：方面委員	実施機関：市町村長 補助機関：民生委員	実施機関：福祉事務所、補助機関：社会福祉主事 協力機関：民生委員
対象	「無告の窮民」＝廃疾・重病・老衰・疾病のため生業を営み得ない極貧の独身者及び貧窮な児童	65歳以上の老衰者、13歳以下の幼者、妊産婦、傷病あるいは身体又は精神に障害があり労務を行うのに支障のある者	生活困窮者	生活困窮者
方法	村落共同体による救済、家的扶養の重視、共同体上の個人的道義による救済の重視	居宅保護（救護費の支給）を原則とするが、不適当な場合救護施設入所	居宅保護、それによりがたいときは施設保護	居宅保護、それによりがたいときは施設保護
内容	救助米の現金給付	生活・医療・助産・生業の4種類の扶助	生活・医療・助産・生業・葬祭の5種類の扶助	生活・医療・助産・生業・葬祭・教育・住宅の7扶助（制定時）
財源	国庫からの支出	市町村の負担を原則。都道府県・国庫から補助	国:都道府県:市町村＝8:1:1	国:都道府県または市町村＝8:2（制定時）

出典：鈴木忠義「新生活保護法の成立」杉村宏・岡部卓・布川日佐史編『よくわかる公的扶助―低所得者支援と生活保護制度』ミネルヴァ書房、p.61、2008年を一部改変

公的扶助制度の理念の確立

※ ○：確立している　×：確立していない

	恤救規則	救護法	旧生活保護法	新生活保護法
最低生活	×	×	×	○
保護請求権、不服申立権	×	×	×	○
国家責任	×	○	○	○
労働能力者への保護	×	×	○	○
欠格条項の撤廃	×	×	×	○

出典：鈴木忠義「新生活保護法の成立」杉村宏・岡部卓・布川日佐史編『よくわかる公的扶助―低所得者支援と生活保護制度』ミネルヴァ書房、p.61、2008年を一部改変

07 生活保護の動向

被保護人員、保護率、被保護世帯数の動向

　生活保護受給者の人数、世帯数、および内訳については、厚生労働省**「被保護者調査」**を通して知ることができます。

　2022（令和4）年度（1か月平均）の「被保護者調査」によると、被保護実人員は202万4586人、保護率1.62％、被保護世帯数は、164万3463世帯となっています。最近では2008年の**世界金融危機（リーマンショック）**をきっかけに急増しましたが、2015（平成27）年頃からは若干減少傾向にあります。

世帯類型別被保護世帯数および構成割合

　世帯類型別の被保護世帯数では、「高齢者世帯」が最も多く、2022（令和4）年度（1か月平均）で90万8609世帯（構成割合55.6％）となっています。**被保護世帯の高齢化が顕著となっています。**年齢階級別の構成割合でも、2021年（令和3）年7月現在で「60歳以上」が59.9％を占めています。一方、世界金融危機をきっかけに、「その他の世帯」（失業者等がこれに含まれる）が増加し、その後（2010（平成22）年度以降）約22〜29万世帯、構成割合約15〜18％で推移しています。

「被保護者調査」からみえるその他の特徴

　その他の特徴としては、**単身世帯（一人暮らし）が多いこと、受給期間が長期化していること**があげられます。

　疾病や障がい、高齢など、生活保護からの脱却を困難にさせる要因を抱える被保護者に対して、「自立」をどのように支援していくかが課題となっています。

被保護実人員、世帯数等の推移 図

被保護実人員、保護率、被保護世帯数の年次推移

資料：厚生労働省「令和4年度　被保護調査（確定値）」をもとに作成

世帯類型別の生活保護受給世帯の推移

「高齢者世帯」は増加傾向、「母子世帯」は近年減少傾向にあります。「その他の世帯」は世界金融危機以降、増加しています

資料：厚生労働省「全国厚生労働関係部局長会議資料（令和5年度 詳細版資料）」(2024年)をもとに作成

07 生活保護の動向

第1章参考文献

- ルース・リスター、松本伊智朗監訳、松本淳・立木勝訳『新版 貧困とはなにか－概念・言説・ポリティクス』明石書店、2023年
- 鈴木忠義「貧困・ホームレスと社会福祉」坂田周一監修、浅井春夫・三本松政之・濁川孝志編『新・コミュニティ福祉学入門』有斐閣、2013年
- 厚生労働省「令和4年 家庭の生活実態及び生活意識に関する調査」（2024年）
- 厚生労働省政策統括官（総合政策担当）「令和3年度所得再分配調査報告書」（2023年）
- 厚生労働省「2022年（令和4年） 国民生活基礎調査の概況」（2023年）
- 鈴木忠義「新生活保護法の成立」杉村宏・岡部卓・布川日佐史編『よくわかる公的扶助－低所得者支援と生活保護制度』ミネルヴァ書房、2008年
- 鈴木忠義「生活保護の動向」吉永純・布川日佐史・加美嘉史編著『現代の貧困と公的扶助－低所得者に対する支援と生活保護制度』高菅出版、2016年
- 一般財団法人厚生労働統計協会編『国民の福祉と介護の動向2023／2024』2023年
- 厚生労働省「全国厚生労働関係部局長会議資料（令和5年度 詳細版資料）」（令和6年1月）
- 厚生労働省「令和4年度 被保護者調査 月次調査（確定値）結果の概要」

第 2 章

生活保護制度

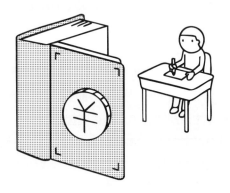

01
生活保護制度とは？
①：目的

▶ 生存権保障のための生活保護制度

現行の**生活保護法**は、**日本国憲法**第25条に規定されている**生存権**を具体的に保障する制度として、1950（昭和25）年に制定・施行されました。日本国憲法第25条では、「すべて国民は、健康で文化的な最低限度の生活を営む権利を有する。」（第1項）、「国は、すべての生活部面について、社会福祉、社会保障及び公衆衛生の向上及び増進に努めなければならない。」（第2項）と規定されています。すなわち、日本国憲法では、健康で文化的な最低限度の生活を営むことは国民すべての権利であり、この権利を保障することは国の責任である、と謳われています。

▶ 目的（1）：最低生活の保障

生活保護法では、二つの目的をあげています。

第一の目的は、**最低生活の保障**です。これは、「健康で文化的な最低限度の生活」を保障することです。最低限度の需要が充足される生活を保障すること、最低生活の維持を脅かす原因を取り除いて、最低生活が必ず営めるようにすることを意味しています。

▶ 目的（2）：自立の助長

第二の目的は、**自立の助長**です。働いて収入を得るなどの経済的自立にとどまらず、**社会生活ができるように支援していくこと（社会的自立）**が想定されています。仕事を見つけて収入を得る、受給している生活保護を廃止するといった狭い意味ではなく、その人の可能性を引き出してよりよい生活を実現していくという広い意味で「自立」をとらえることが必要です。

生活保護制度の目的 図

生活保護制度とは

生存権
（日本国憲法第25条）

1　すべて国民は、**健康で文化的な最低限度の生活**を営む権利を有する。
2　国は、すべての生活部面について、社会福祉、社会保障及び公衆衛生の向上及び増進に努めなければならない。

↓ 具体的に保障

生活保護法
（1950年施行）

生活保護法の2つの目的

①**最低生活の保障**
②**自立の助長**

この法律は、日本国憲法第二十五条に規定する理念に基き、国が生活に困窮するすべての国民に対し、その困窮の程度に応じ、必要な保護を行い、その**最低限度の生活を保障**するとともに、その**自立を助長**することを目的とする。
（生活保護法第1条）

「自立の助長」とは
「社会的自立」（その能力にふさわしい状態で社会生活に適応させること）

01　生活保護制度とは？①：目的

02 生活保護制度とは？
②：基本原理と原則

▶ 四つの基本原理

　生活保護法では、「**国家責任**」の原理、「**無差別平等**」の原理、「**最低生活**」の原理、「**保護の補足性**」の原理という四つの基本原理が規定されています。

▶ 四つの原則

　生活保護の原則として、「**申請保護の原則**」、「**基準及び程度の原則**」、「**必要即応の原則**」、「**世帯単位の原則**」の四つがあります。

　「申請保護の原則」では、生活保護は、要保護者、その扶養義務者またはその他の同居の親族の申請に基づいて開始すること、ただし要保護者が急迫した状況にあるときは、保護の申請がなくても必要な保護を行うことができるとされています。

　「基準及び程度の原則」では、生活保護は厚生労働大臣の定める基準により測定した要保護者の需要に基づき、そのうちその者の金銭または物品で満たすことのできない不足分を補う程度において行うとされています。さらに、保護の基準は、要保護者の年齢別、性別、世帯構成別、所在地域別その他保護の種類に応じて必要な事情を考慮した最低限度の生活の需要を満たすに十分なものであって、かつこれをこえないものでなければならないとされています。

　「必要即応の原則」では、生活保護は、要保護者の年齢別、性別、健康状態等その個人または世帯の実際の必要の相違を考慮して、有効かつ適切に行うこととされています。

　「世帯単位の原則」では、生活保護は、世帯を単位としてその要否および程度を定めること、ただし、これによりがたいときは、個人を単位として定めることができるとされています。

生活保護制度の基本原理と原則　図

生活保護法の四つの基本原理

国家責任
（生活保護法第1条）

国が生活に困窮するすべての国民に対し、その困窮の程度に応じ、必要な保護を行い、その最低限度の生活を保障するとともに、その自立を助長する

無差別平等
（生活保護法第2条）

すべて国民は、生活保護法に定められた要件を満たす限り、無差別平等に保護を受けることができる

最低生活
（生活保護法第3条）

保障される最低限度の生活は、健康で文化的な生活水準を維持することができるものでなければならない

保護の補足性
（生活保護法第4条）

・生活に困窮する者が、その利用し得る資産、能力その他あらゆるものを最低限度の生活の維持のために活用することを要件とする
・扶養義務者の扶養および他の法律に定める扶助は、すべて生活保護に優先して行われる

生活保護法の四つの原則

申請保護の原則
（生活保護法第7条）

保護は申請に基づいて開始される（原則）

基準及び程度の原則
（生活保護法第8条）

保護の基準は厚生労働大臣が定める

必要即応の原則
（生活保護法第9条）

保護は個人または世帯の実際の必要の相違を考慮して行われる

世帯単位の原則
（生活保護法第10条）

保護は世帯を単位として行われる（原則）

03
生活保護制度とは？
③：扶養義務

🟩 生活保護制度における扶養義務

　生活保護法では、基本原理の一つである**「保護の補足性」**において、**扶養義務者の扶養は生活保護に優先して行われる**とされています。要保護者に扶養義務者が存在する場合に扶養を求める順位、程度、方法は、当事者間の話し合いによって決めることが基本となります。そのうえで、扶養義務の目安として、**「生活保持義務関係」**にある親族（夫婦間または親の未成熟の子（中学３年以下）に対する関係）に対しては重い扶養義務（扶養義務者の最低生活費を超過する部分まで扶養）、**「生活扶助義務関係」**にある親族（親と未成熟の子を除く直系血族、兄弟姉妹および民法上の相対的扶養義務者）に対しては比較的軽い（社会通念上それらの者にふさわしいと認められる程度の生活を損なわない限度）の扶養義務とされています。

🟩 生活保護制度における扶養義務者にかかる対応

　生活保護制度における扶養義務者にかかる対応として、次のことが行われます。
　①**扶養義務者への扶養照会**：扶養義務者に対して、扶養の可能性の調査を行う。
　②**扶養義務者への通知**：扶養義務を履行していないと認められる場合、扶養義務者に通知を行う。
　③**扶養義務者への報告徴収**：保護の実施機関（福祉事務所）が必要と認めた場合、扶養義務者に報告を求める。
　①、②、③ともに、一律のすべての扶養義務者に行うのではなく、扶養の可能性が高い者等に対して重点的に行うことになっています。**扶養義務は強制されるべきものではなく、個別の状況に応じた対応が求められます。**

生活保護制度における扶養義務　図

扶養義務者の範囲

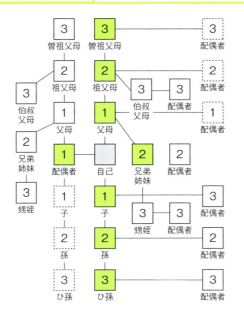

- 🟩 絶対的扶養義務者
- ⬜ 相対的扶養義務者
- ⬚ 継親の場合等（配偶者）
- ⬚ 先夫の子、後妻の連れ子等（子）

生活保護制度における扶養義務者にかかる対応

扶養義務者への扶養照会

親子や兄弟姉妹等、**一般的に扶養可能性が高い者に対して重点的に行う**ことが多く、3親等内の親族すべてに一律行っているわけではない。

※10年音信不通、DVから逃げてきたなど明らかに扶養の履行が期待できない場合等は照会していない

※扶養照会より対象が狭まることになる

扶養義務者への通知

扶養義務者への報告徴収

福祉事務所が家事審判手続を活用してまで費用徴収を行う蓋然性が高いと判断されるような場合等に限定して行う。

03　生活保護制度とは？③：扶養義務　23

04 生活保護制度の課題 ①：自動車の保有

資産としての自動車
　現行制度では、生活保護受給者が自動車を保有・使用することは原則として認められていません。自動車を保有している場合は資産とみなされて処分するよう指導されることが一般的です。また、自動車を所有せず借用するなどして使用することも、原則として認められないこととなっています。

自動車の保有要件
　しかし、例外として生活保護を受給しながらでも自動車を保有、使用できる場合があります。事業用品としての自動車については、事業の種別、地理的条件から判断して当該地域の低所得世帯との均衡を失することにならないと認められる場合には、保有が認められるとされています。また、生活用品としての自動車についても、目的を定めて条件付きで認められることがあります。

生活保護受給者の自動車保有・使用をめぐる課題
　自動車の保有や使用を厳しく制限されることが、要保護者の生活保護受給を躊躇させる要因になっている可能性があります。厚生労働省「令和4年家庭の生活実態及び生活意識に関する調査」では、耐久財としての自動車の保有状況を、一般世帯と生活保護世帯を対象に調査しています。その結果、一般世帯（母数（N）＝10,000）で自動車が「ある」と回答したのは7,693世帯（76.9％）、生活保護世帯（母数（N）＝976）では45世帯（4.6％）でした。生活保護世帯のなかで自動車保有が極めて少ないのは、生活保護制度での自動車の保有制限によるものと考えられます。

自動車の保有について 図

被保護者の自動車保有が認められる場合

事業用品としての自動車

事業の用に供されている、または近々事業の用に供されている場合

生活用品としての自動車

- 障害者が通勤用に使用する場合
- 以下の者が、通勤用に使用する場合
  ① 公共交通機関の利用が著しく困難な地域に居住する者
  ② 勤務先が公共交通機関の利用が著しく困難な地域にある者
  ③ 深夜勤務等の業務に従事している者
- 障害者（児）が通院、通所及び通学に使用する場合
- 公共交通機関の利用が著しく困難な地域に居住する者が通院等のために必要とする場合

耐久財（自動車）の保有状況

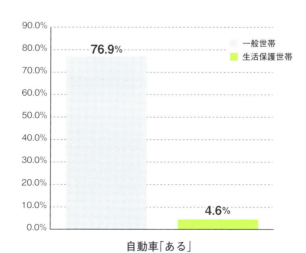

生活保護を受給したために、自動車を保有することができない……
一般世帯からかけ離れた生活を強いられているといえるのではないでしょうか。

資料：厚生労働省「令和4年家庭の生活実態及び生活意識に関する調査」（2024年）

04 生活保護制度の課題①：自動車の保有

05 生活保護制度の課題②：外国人の生活保護

▶ 生活保護法と外国人

生活保護法では、対象を「国民」としています。では、日本国民ではない外国人（日本国籍を持たない者。したがって無国籍の者を含む。）は対象になるのかが問題となります。この点に関して、厚生労働省の通知により、「準用」という形で外国人に対しても生活保護の受給が認められることとなりました。しかしながら、「準用」であるため不服申立て（審査請求）ができないなど、日本人と同様の権利としては認められていません。

▶ 生活保護の適用対象となる外国人

生活保護の適用対象となる外国人は、適法に日本に滞在し、活動に制限を受けない「永住者」、「定住者」等の在留資格を有する外国人とされています。また、特定活動（入管法別表第1の5）の在留資格を有する者のうち活動に制限を受けない者等については、厚生労働省に照会のうえ保護適用が認められる可能性があります。

▶ 課題

外国人に対する「準用」措置については、訴訟でも争われてきました。「ゴドウィン訴訟」（脳出血で倒れたスリランカ人留学生に対する医療扶助適用を政府が拒否した措置の正当性が争われた訴訟。第一審、第二審、最高裁とも原告敗訴。）の第一審の判決文では、次のように述べられており、制度見直しの検討が望まれます。

「健康で文化的な最低限度の生活を営む権利が人の生存に直接関係することをも併せ考えると、法律をもって、外国人の生存権に関する何らかの措置を講ずることが望ましい。」（平成7年6月19日　神戸地裁判決）。

外国人に対する生活保護 図

外国人に対する制度の適用の可否

制度	住民登録のある外国人(※)	住民登録がない外国人 3か月以下の在留資格の外国人	住民登録がない外国人 非正規滞在の外国人	備考
生活保護	△	×	×	権利として認めず準用。対象は、入管法別表2と特別永住者、入管法上の認定難民、活動に制限のない特定活動の外国人

※3か月を超える在留資格がある場合住民登録の対象となる。

×としてあげたものについても、個々の事例によっては認められることもあります。

出典：生活保護問題対策全国会議編『外国人の生存権保障ガイドブックーＱ＆Ａと国際比較でわかる生活保護と医療』明石書店、pp.29-30、2022年をもとに作成

外国人に対する生活保護制度の適用

生活保護が準用される

- 出入国管理及び難民認定法（入管法）別表第2の在留資格を有する者
- 永住者、日本人の配偶者等、永住者の配偶者等、定住者
- 日本国との平和条約に基づき日本の国籍を離脱した者等の出入国管理に関する特例法（入管特例法）の特別永住者
- 入管法上の認定難民

生活保護が準用されない（不適用）

- 入管法別表第1の在留資格を有する者
（外交、公用、教授、芸術、宗教、報道、高度専門職、経営・管理、法律・会計業務、医療、研究、教育、技術・人文知識・国際業務、企業内転勤、介護、興行、技能、特定技能、技能実習、文化活動、短期滞在、留学、研修、家族滞在、特定活動（ただし、特定活動の外国人のうち、日本国内での活動に制限を受けない者は準用される可能性がある））
- 非正規滞在者（オーバーステイ、仮放免者等）

05 生活保護制度の課題②：外国人の生活保護

06 資産、能力および他法他施策の活用

▶「保護の補足性」

　生活保護法では「保護の補足性」において、①資産や能力を活用することが生活保護の要件であること、②扶養義務者の扶養や他法他施策（「他の法律に定める扶助」）を利用することが生活保護に優先することが規定されています。

　活用する資産には、現金・預貯金・有価証券等、不動産（土地・建物）、事業用品、生活用品が含まれます。最低限度の生活の維持のために活用することが要件となりますが、一定の条件のもとで保有が認められる場合があります。生活用品については、処分価値が小さいもの、または当該地域の一般世帯との均衡を失することにならない（当該地域全世帯の70％程度の普及率）場合に保有が認められています。

　活用する他法他施策には、社会福祉・社会保障各制度等が含まれ、受けることができる場合は極力その利用に努めることとされています。

▶ 稼働能力の活用

　要保護者に稼働能力がある場合には、その稼働能力を最低限度の生活の維持のために活用することが、保護の要件となっています。稼働能力を活用しているか否かについては、右図のように三つの判断基準があります。

　このように、稼働能力の活用は生活保護受給のための要件として求められるのですが、「働くこと」には収入を得るだけでなく、日々の生活を充実させたり、社会とのつながりや自己のやりがいや達成感を得るなどの積極的意義があることを踏まえ、本人の意向を尊重したうえで「働くこと」の支援をしていくことが重要です。

保護の補足性と稼働能力　図

保護の補足性

保護の「要件」
- 資産の活用
- 能力（稼働能力など）の活用

保護に「優先」
- 扶養義務者の扶養
- 他の法律に定める扶助（社会保障・社会福祉各制度等）

稼働能力活用の判断基準

稼働能力があるか否か

年齢や医学的な面からの評価だけではなく、その人の有している資格、生活歴・職歴等を把握・分析し、それらを客観的かつ総合的に勘案

例・病気のために直ちに働くことが困難な健康状態である
　　→要件充足

その具体的な稼働能力を前提として、その能力を活用する意思があるか否か

求職活動の実施状況を把握したうえで、稼働能力を前提として真摯に求職活動を行ったどうか

例・ハローワークに定期的に通い、求職活動をしている
　　→要件充足

実際に稼働能力を活用する就労の場を得ることができるか否か

稼働能力を前提として、地域における有効求人倍率や求人内容等の情報や、就労を阻害する要因（育児や介護の必要性など）

例・ハローワークに行って求職活動をしたが、求人が少なく、自分にできそうな仕事が見つからない
　　→要件充足

06 資産、能力および他法他施策の活用

07 生活保護のしくみ

扶助の種類と範囲

　生活保護制度の扶助には、①生活扶助、②教育扶助、③住宅扶助、④医療扶助、⑤介護扶助、⑥出産扶助、⑦生業扶助、⑧葬祭扶助の８種類があります。
　生活扶助は、衣食その他日常生活の需要を満たすために必要なもの、および移送にかかる費用を給付します。
　教育扶助は、義務教育に伴って必要な教科書その他の学用品、通学用品、学校給食その他義務教育を受けるために必要なものにかかる費用を給付します。
　住宅扶助は、住居（家賃、地代）および補修その他住宅の維持のために必要なものにかかる費用を給付します。
　出産扶助は分娩の介助、分娩前および分娩後の処置、分娩に必要な脱脂綿、ガーゼその他の衛生材料にかかる費用を給付します。
　生業扶助は、生業に必要な資金、器具または資料、生業に必要な技能の修得、就労のために必要なものにかかる費用（高等学校等就学費を含む）を給付します。
　葬祭扶助は、葬祭執行者に対して検案、死体の運搬、火葬又は埋葬、納骨その他葬祭のために必要なものにかかる費用を給付します。

扶助の方法

　医療扶助・介護扶助以外の扶助は、原則として金銭給付で行いますが、必要があるときは現物給付で行うことができます。また、これらの扶助は、要保護者の必要に応じ、単給（１種類の扶助を給付）または併給（複数の種類の扶助を給付）として行われます（医療扶助と介護扶助の詳細は本章08・本章09をそれぞれ参照）。

生活保護の種類 図

生活保護の種類と内容

生活を営む上で生じる費用	扶助の種類	支給内容
日常生活に必要な費用（食費・被服費・光熱費等）	生活扶助	基準額は、 1.(1)食費等の個人的費用 2.(2)光熱水費等の世帯共通費用を合算して算出。 特定の世帯には加算があります。（母子加算等）
アパート等の家賃	住宅扶助	定められた範囲内で実費を支給
義務教育を受けるために必要な学用品費	教育扶助	定められた基準額を支給
医療サービスの費用	医療扶助	費用は直接医療機関へ支払（本人負担なし）
介護サービスの費用	介護扶助	費用は直接介護事業者へ支払（本人負担なし）
出産費用	出産扶助	定められた範囲内で実費を支給
就労に必要な技能の修得等にかかる費用	生業扶助	定められた範囲内で実費を支給
葬祭費用	葬祭扶助	定められた範囲内で実費を支給

生活保護の種類別扶助人員

被保護人員 202万人

- 生活扶助 177万人 (87.3%)
- 住宅扶助 174万人 (85.8%)
- 医療扶助 171万人 (84.3%)
- 介護扶助 42万人 (20.8%)
- 教育扶助 9万人 (4.4%)
- その他の扶助※ 4万人 (2.0%)

※出産扶助・生業扶助・葬祭扶助の合計

近年では生活扶助、住宅扶助、医療扶助の順で多くなっています。

資料：厚生労働省「令和4年度　被保護者調査」をもとに作成

08 医療扶助の方法

▶ 医療扶助の内容と方法

医療扶助は、困窮のため最低限度の生活を維持することのできない者に対する医療サービスの費用を給付するものです。現物給付によって行うことが原則ですが、これによることができないときなどでは金銭給付によって行うことができます。

生活保護受給者は、国民健康保険および後期高齢者医療制度から適用除外されています。そのため、ほとんどの生活保護受給者の医療費は、全額を医療扶助として給付されています。ただし、障害者総合支援法等の公費負担医療が適用される者や、被用者保険の被保険者・被扶養者については、自己負担部分が医療扶助の給付対象となります。

医療扶助による医療は、医療保護施設もしくは「指定医療機関」として指定された医療機関に委託して実施されます。指定医療機関の診療方針および診療報酬は、国民健康保険の例によることとされています。

▶ 医療扶助の手続きの流れ

医療扶助の給付手続きは、**医療券方式**と呼ばれています。要保護者が医療を受けたいときは、福祉事務所に申請をします。その後、指定医療機関から要否意見書が交付され、福祉事務所から要保護者に医療券が発行されます。要保護者は医療券を指定医療機関に提出することで、医療扶助による医療を受けることになります。

▶ 医療扶助の動向

2022年度（1か月平均）の医療扶助率（当該年度の被保護実人員に対する医療扶助人員の比率）は84.3％となっており、被保護者の医療ニーズが高いことがうかがえます。

医療扶助事務手続きの流れ 図

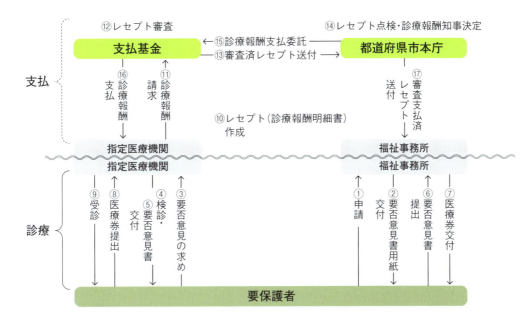

診療
①要保護者が、福祉事務所に医療扶助の申請を行う。
②福祉事務所が、要保護者に対し、要否意見書用紙を交付する。
③要保護者が、指定医療機関等に対し、要否意見を求める。
④指定医療機関等が、要保護者の検診を実施する。
⑤指定医療機関が、要保護者に対し、要否意見書を交付する。
⑥要保護者が、福祉事務所に対し、要否意見書を提出する。
⑦福祉事務所が、要保護者に対し、医療券を交付する。
⑧要保護者は、医療券を提出して、
⑨受診する。

支払
⑩指定医療機関は、レセプトを作成し、
⑪支払基金に対し、診療報酬を請求する。
⑫支払基金は、レセプトを審査し、
⑬都道府県市本庁あて審査レセプトを送付する。
⑭都道府県市本庁は、レセプト点検及び診療報酬の知事決定を行う。
⑮都道府県市本庁は、支払基金に対し、診療報酬の支払いを委託する。
⑯支払基金は、指定医療機関に診療報酬を支払う。
⑰都道府県市本庁は、福祉事務所あて審査支払済レセプトを送付する。

出典:「生活保護手帳 2024年度版」中央法規出版、p.973、2024年をもとに作成

09 介護扶助の方法

介護扶助の内容と方法

　介護扶助は、2000（平成12）年の介護保険制度創設に伴って設けられました。要保護者に対して介護保険の対象となるサービス（居宅介護支援計画に基づき行う居宅介護、福祉用具、住宅改修、施設介護、介護予防支援計画に基づき行う介護予防、介護予防福祉用具、介護予防住宅改修）にかかる利用料（1割負担）に相当する費用を扶助するものです。現物給付によって行うことが原則ですが、これによることができないときなどでは金銭給付によって行うことができます。

　ちなみに、介護保険制度では、65歳以上を第一号被保険者、40〜64歳を第二号被保険者となりますが、医療保険に加入していない（適用除外となっている）40〜64歳の被保護者は介護保険の被保険者とはなりません。65歳以上の被保護者は介護保険の第一号被保険者となり、介護保険料は生活扶助のなかの加算（介護保険料加算）が適用されます（特別徴収の場合は収入認定において年金収入から控除されます。）。

　介護扶助による介護サービスは、「指定介護機関」として指定された施設・機関に委託して実施され、介護保険の介護の方針および介護の報酬の例によることとされています。

介護扶助の手続きの流れ

　介護扶助の給付手続きは、まず要保護者からの申請に基づき、要介護認定が行われます。要介護認定の結果に基づいて保護の決定、介護券が要保護者ならびに指定介護機関に送付され、介護サービスが提供されます。

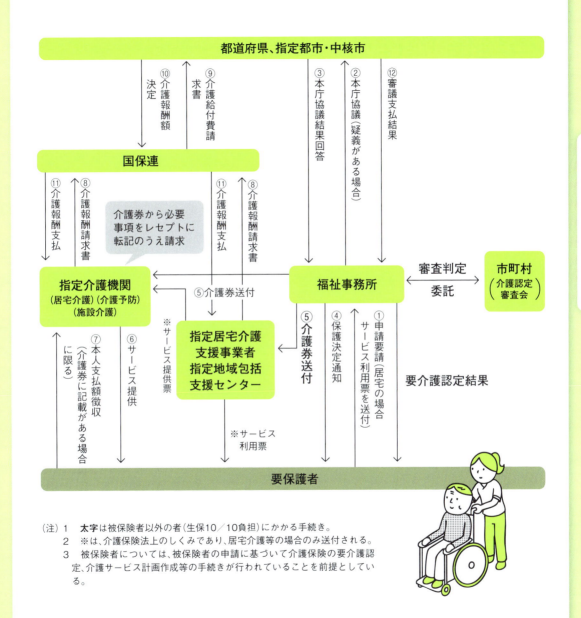

09 介護扶助の方法

10 保護施設

▶ 保護施設の概要

　生活保護法に基づく保護施設は、居宅での生活が困難な要保護者が利用する施設で、**救護施設、更生施設、医療保護施設、授産施設、宿所提供施設**の5種類があります。

　なお、保護施設では、入所の他に地域で暮らす要保護者への支援も行われています。保護施設通所事業では、保護施設退所者を救護施設または更生施設に通所させて訓練指導などを行い、あわせて職員が居宅に訪問して生活指導を行うことにより、居宅における継続した自立生活を支援しています。また、居宅生活訓練事業では、救護施設に入所している被保護者に対して訓練用住居において居宅生活に近い環境で生活訓練を行い、円滑に居宅生活に移行できるよう支援しています。

▶ 保護施設の利用者像

　全国の保護施設等を対象に実施された調査「保護施設等の実態を総体的に把握するためのアンケート調査」（全国社会福祉協議会　2019（令和元）年10月1日時点）によると、年齢および入所期間の状況は右図の通りとなっています。施設種別ごとの平均年齢は救護施設64.7歳、更生施設53.7歳、授産施設（生活保護法）55.4歳、宿所提供施設51.4歳などとなっています。救護施設において入所者の高齢化の傾向がみられます。

　また、平均入所期間では、救護施設11年2か月、更生施設1年4か月、授産施設（生活保護法）7年5か月、宿所提供施設2年9か月などとなっており、救護施設において入所期間が長期化傾向にあります。

保護施設の目的と利用者像　図

保護施設の目的

救護施設	身体上または精神上著しい障がいがあるために日常生活を営むことが困難な要保護者を入所させて、生活扶助を行う
更生施設	身体上または精神上の理由により養護および生活指導を必要とする要保護者を入所させて、生活扶助を行う
医療保護施設	医療を必要とする要保護者に対して医療の給付を行う
授産施設	身体上もしくは精神上の理由または世帯の事情により就業能力の限られている要保護者に対して、就労または技能の修得のために必要な機会および便宜を与えて、その自立を助長する
宿所提供施設	住居のない要保護者の世帯に対して、住宅扶助を行う

設置主体は、都道府県、市町村、地方独立行政法人、社会福祉法人、日本赤十字社です。

保護施設の利用者像

	救護施設	更生施設	授産施設	宿所提供施設
入所者の平均年齢	64.7歳	53.7歳	55.4歳	51.4歳
入所者の平均入所期間	11年2か月	1年4か月	7年5か月	2年9か月

資料：社会福祉法人全国社会福祉協議会「保護施設の支援機能の実態把握と課題分析に関する調査研究事業　報告書」(2021年)をもとに作成

11 生活保護受給者に対する日常生活支援

社会福祉住居施設

　要保護者のなかには住まいに困窮している人、様々な事情からアパート等居宅での生活が困難な人が少なくなく、そうした人々の受け皿となる生活の場所を確保することが課題とされてきました。被保護者の住まいとして、**無料低額宿泊所**（生計困難者のために、無料または低額な料金で、簡易住宅を貸し付け、または宿泊所その他の施設を利用させる事業）と呼ばれる施設が利用されてきましたが、なかには住環境や処遇が劣悪な施設もあり、「貧困ビジネス」と言われて問題となるケースもありました。

　社会福祉法の改正（2018（平成30）年制定・2020（令和2）年施行）によって、無料低額宿泊所に対する規制が強化され（事業開始時の事前届出制、最低基準の整備、改善命令の創設等）、また最低基準を満たす宿泊所は「**社会福祉住居施設**」として位置づけられました。

日常生活支援住居施設

　同時に、生活保護法改正（2018（平成30）年制定・2020（令和2）年施行）によって、**日常生活支援住居施設**が創設されました。これは、単独での居住が困難な被保護者に対して、住まいとともに生活支援（家事、服薬管理、金銭管理、人とのコミュニケーション等の支援）を提供します。保護施設と居宅の中間に位置づけられる施設で、保護施設に入所するほど支援の必要度が高くないものの直ちに単独でアパート等で生活するには課題がある被保護者に対して、居宅への移行に向けた支援を行います。福祉事務所から良質なサービスの基準を満たす無料低額宿泊所等に委託することができることとされています。

日常生活支援住居施設　図

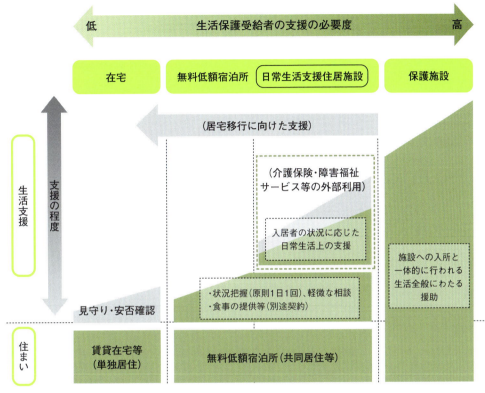

この図は、無料低額宿泊所と日常生活支援住居施設の位置について、在宅生活と保護施設との関係性を整理したものであり、日常生活上の支援の提供については、他法のサービス活用などさまざまな形態があります。

資料：厚生労働省『生活困窮者自立支援制度及び生活保護制度の見直しに関する最終報告書』参考資料集」(2023年)

食事や洗濯等の家事

服薬等の健康管理

日常の金銭管理

12 保護の要否判定

要否および程度の決定

生活保護の実施にあたって、**保護の要否判定**および**程度の決定**が行われます。保護の要否判定とは、生活保護の受給要件を満たしているか否か、保護を必要とするか否かを判定することです。保護の程度の決定とは、月々どの程度の保護を要するのかを決定することです。

保護の要否および程度は、最低生活費と収入額との対比によって決定されます。最低生活費よりも収入額が上回っている場合は保護が適用されず、最低生活費よりも収入額が下回っている場合はその不足分が扶助されることになります。

最低生活費の体系

保護の要否判定に用いられる**最低生活費**の体系は、8種類の扶助ごとに基準が定められています。**保護の基準は、厚生労働大臣が要保護者の年齢、世帯構成、所在地等の事情を考慮して定める**こととなっています。

このうち、生活扶助基準は一般生活費として第1類費と第2類費、加えて地区別冬季加算（地域別に冬季における特別の需要に対応）があり、病院・診療所等に入院している被保護者に対する入院患者日用品費、介護施設に入所している被保護者に対する介護施設入所者基本生活費があります。これに加えて特別な需要がある者に対する各種加算、一時的な特別需要に対応する期末一時扶助および一時扶助があります。

以上の生活扶助費に加えて他の7種類の扶助についても基準に基づいて計算された扶助費を足し合わせ、さらに勤労に伴う必要経費等を控除（勤労控除）して、最低生活費が算出されます（最低生活費の算出方法については本章14を参照）。

生活保護の要否判定 図

生活保護の要否判定

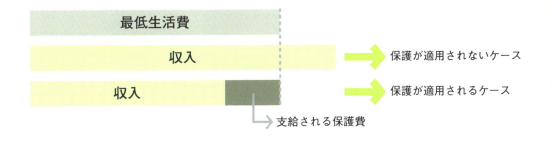

最低生活費の体系

12 保護の要否判定

13 生活保護基準の考え方

標準世帯

　生活保護において支給される扶助費は、要保護者（世帯）の年齢別、性別、健康状態等実際の必要の相違を考慮して、有効かつ適切に行うこととされています。したがって、**支給される扶助費の金額は個別の世帯の必要に応じて給付される**ことになります。

　右図は標準世帯の生活扶助基準額の年次推移を示したものです。現行の標準世帯は3人世帯（33歳男・29歳女・4歳子）となっています。

生活扶助基準の改定方式

　生活保護法による保護の基準（生活保護基準）では、8種類の扶助（生活扶助、教育扶助、住宅扶助、医療扶助、介護扶助、出産扶助、生業扶助、葬祭扶助）それぞれについて基準が定められています。このうち、生活扶助の基準（生活扶助基準）を決める考え方となる改定方式は、これまで**「標準生計費方式」**、**「マーケット・バスケット方式」**、**「エンゲル方式」**、**「格差縮小方式」**、そして現行の**「水準均衡方式」**と変遷をとげてきました。

地域別の保護基準－級地制度

　生活保護基準には、地域ごとの生活様式や物価差による生活水準の差を考慮して地域差が設けられています。これを**級地制度**といいます。現行の級地制度では、1級地－1および2、2級地－1および2、3級地－1および2の6区分となっており、それぞれの級地ごとに基準が設定されています。

生活扶助基準の改定状況と改定方式 図

生活扶助基準の改定状況

実施年月日	標準世帯基準額(1級地)	標準世帯(モデル世帯)	改定方式	基準額体系	級地
昭和21. 3.13	円 199.80	5人世帯	標準生計費方式	世帯人員別 基準額	6地域区分制
21. 7. 1	303				21.7.1
23. 8. 1	4,100	23.8.1	23.8.1		
23.11. 1	4,535	64歳男 35歳女 9歳男 5歳女 1歳男 標準5人世帯	マーケット・バスケット方式	23.11.1	3地域区分制
26. 5. 1	5,826			性別・年齢別・世帯人員別 基準額組合わせ方式	5級地制 特級地プラス 26.5.1
32. 4. 1	8,850				32.4.1 28〜31年度
36. 4. 1	10,344	36.4.1	エンゲル方式 36.4.1		4級地制
40. 4. 1	18,204	35歳男 30歳女 9歳男 4歳女 標準4人世帯	40.4.1		
53. 4. 1	105,577		格差縮小方式		53.4.1
59. 4. 1	152,960		59.4.1		3級地制
60. 4. 1	157,396 (124,487) ※1			60.4.1	
61. 4. 1	126,977	61.4.1			62.4.1
62. 4. 1	129,136 ※2	33歳男 29歳女 4歳女 標準3人世帯	水準均衡方式	年齢別・世帯人員別 基準額組合わせ方式	
平成元. 4. 1	136,444				3級地制
24. 4. 1	162,170				各級地を2区分
25. 8. 1	156,810				
26. 4. 1	155,840				
27. 4. 1	150,110				
28. 4. 1	150,110				
29. 4. 1	150,110				
30.10. 1	148,900				
令和元.10. 1	149,790				
2.10. 1	148,570				
3. 4. 1	148,570				

※1( )内は、昭和61年4月1日との比較のために、昭和60年4月1日における標準2人世帯基準額を記載したもの
2 昭和62年4月1日以降の基準額は、1級地―1の基準額を記載した

資料:厚生労働省「第38回社会保障審議会生活保護基準部会」参考資料(令和3年4月27日)、p.13を一部改変

改定方式の種類

標準生計費方式
世帯人員別の標準生計費を基に算出し、生活扶助基準とする方式

マーケット・バスケット方式
最低生活を営むために必要な飲食物費や衣類、家具什器、入浴料といった個々の品目を一つ一つ積み上げて最低生活費を算出する方式

エンゲル方式
栄養所要量を満たし得る食品を理論的に積み上げて計算し、別に低所得世帯の実態調査から、この飲食物費を支出している世帯のエンゲル係数の理論値を求め、これから逆算して総生活費を算出する方式

格差縮小方式
一般国民の消費水準の伸び率以上に生活扶助基準を引き上げ、結果的に一般国民と被保護世帯との消費水準の格差を縮小させようとする方式

水準均衡方式
当該年度に想定される一般国民の消費動向を踏まえると同時に、前年度までの一般国民の消費実態との調整を図るという方式

14 最低生活費の算出方法

最低生活費と支給される保護費

保護の要否および程度の決定は、**最低生活費と収入額との対比によって行われます**。収入額が最低生活費を下回っている場合に、不足分が保護費として支給されます。収入として認定される額には、就労による収入、年金や手当その他の社会保障・社会福祉給付、親族（扶養義務者）からの援助や資産の活用によって得られた収入があればそれらも含まれます。例えば高校生のアルバイト収入などのように、収入認定除外になるものもあります（ただし、申告は必要です）。

生活保護制度における扶助基準額の算定方法

生活保護制度における扶助基準額は、8種類の扶助の基準額を合計した額を最低生活費として算出します。最低生活費＝Ａ＋Ｂ＋Ｃ＋Ｄ＋Ｅ＋Ｆとなります。

生活扶助基準額のうち、第1類費（個人的経費）は地域（級地）および年齢ごとの基準額が設定されており、世帯員個々人について計上して合計した額×逓減率で算出します。第2類費（世帯共通経費）は、地域（級地）および世帯人員ごとの基準額が設定されており、該当する基準額を計上します。第1類費と第2類費を合計した額＋特例加算（1人当たり月額1,000円）＋生活扶助本体における経過的加算＝Ａとなります。

次に各種加算を計上して、Ｂを算出します。さらに、住宅扶助基準（Ｃ）、教育扶助基準および生業扶助（高等学校等就学費）（Ｄ）、介護扶助基準（Ｅ）、医療扶助基準（Ｆ）、この他出産、葬祭などがある場合はそれらの経費の一定額を足し合わせて、最低生活費認定額が算出されます。

最低生活費の算出方法　図

支給される保護費の額

最低生活費	
年金、児童扶養手当等の収入	支給される保護費

収入としては、就労による収入、年金等社会保障給付、親族による援助等を認定します。

最低生活費の算出方法

最低生活費 ＝

A 生活扶助基準 ＋ B 加算額 ＋ C 住宅扶助基準 ＋

D 教育扶助基準、高等学校等就学費 ＋ E 介護扶助基準 ＋ F 医療扶助基準

このほか、出産、葬祭などがある場合は、それらの経費の一定額がさらに加えられます。

14　最低生活費の算出方法　45

15 収入認定額の計算方法

収入の認定

収入の認定は、生活保護法が保障する生活水準に対して、資産その他世帯において自力で賄い得る経済的能力がどの程度あるかを測定する、**ミーンズ・テスト（資力調査、資産調査）** を指すものです。収入は、要保護者からの申告ならびに実施機関による調査によって把握されます。

収入認定額の計算方法は、右図のとおりです。収入の種類としては、①勤労収入、②事業収入、③農業収入、④その他収入があります。

勤労控除

勤労、もしくは事業や農業に従事している場合に、収入額から控除される勤労控除があります。 勤労控除には、基礎控除、新規就労控除、20歳未満控除があります。このうち、基礎控除は、勤労に伴って増加する生活需要を補填することにより労働力の再生産を図るとともに勤労意欲の助長を図ろうとするものです。新規就労控除は、就職後において職場に適応するまでの間、身の回り品の確保等の特別の需要に対応するとともに勤労意欲を助長し、その自立の助長を図ろうとするものです。20歳未満控除は、将来自分の力で社会に適応した生活を営むことができるように、教養その他健全な生活基盤を確立するための特別の需要があるのでこれに対応するとともに、勤労意欲・自立意欲を助長することをねらいとするものです。

このようにして、収入として認定された額から実費控除、勤労控除を差し引いた額が、収入認定額となります。

収入認定額の計算の仕方 図

①収入の種類と計算額

勤労収入（給与）

給与総額の過去3か月分の平均額

※給与明細書に記載されている総支給額。基本給、諸手当（職務・扶養・住宅等）、通勤交通費、時間外手当の合計額

事業収入（小規模事業、内職等）

過去3か月の平均額

農業収入

将来1年間の予想額（平均月額）
（次により計算した合計額）
主食＝収穫量×販売価格
野菜など＝（売却量×販売価格）＋自給分

その他収入（仕送り、恩給、年金等）

・恩給、年金などは平均月割額
・地方自治体等からの一時的祝い金などは収入認定除外となる場合があります。

②左からの実費控除

実費控除

・法定控除（社会保険料）
・所得税
・通勤費など

実費控除

1　原材料費及び仕入れ代
2　機械器具の修理費（減価償却費を除く）
　　　　　　　　　など

実費控除

1　肥料代
2　種苗代など

実費控除

受給資格の証明のために要した実費など

③左からの勤労控除（目安）

収入金額	1人目
0〜15,000円	0〜15,000円
15,001〜30,999円	15,001〜16,400円
31,000〜50,999円	16,800〜18,400円
51,000〜70,999円	18,800〜20,400円
71,000〜90,999円	20,800〜22,400円
91,000〜110,999円	22,800〜24,400円
111,000〜130,999円	24,800〜26,400円
131,000〜150,999円	26,800〜28,400円
151,000〜170,999円	28,800〜30,400円
171,000〜190,999円	30,800〜32,400円
191,000〜210,999円	32,800〜34,400円
211,000〜230,999円	34,800〜36,400円
231,000円〜	（※）

注：実際には収入額4,000円きざみでより細かい控除額が決められています。
※収入金額が231,000以上の場合は、収入金額が4,000円増加するごとに400円を控除額に加算します。

収入認定額

注1：世帯者全員について計算し、合計してください。
　2：出稼者がいる場合は、出稼者からの仕送り額をそのまま収入として合計してください。
　3：ここに示したものは標準的計算方法です。これ以外にもケースによって特別な計算をする場合があります。

出典：生活保護制度研究会編『生活保護のてびき　令和6年度版』第一法規、pp.62-63、2024年

15　収入認定額の計算方法

16 就労自立給付金

▍「生活困窮者の生活支援の在り方に関する特別部会報告書」

　生活困窮者や生活保護受給者が増加したことに対応するため、2012（平成24）年に社会保障審議会「生活困窮者の生活支援の在り方に関する特別部会」が設けられ、同審議会の報告書として、翌年1月**「生活困窮者の生活支援の在り方に関する特別部会報告書」**（平成25年1月25日）（以下、「報告書」）が出されました。

　報告書では、生活保護制度の見直しに向けていくつかの課題があげられ、その一つとして、「切れ目のない就労・自立支援とインセンティブの強化」の項目が設けられました。そこでは「保護開始直後から脱却後まで、稼働可能な者については、切れ目なく、また、どの段階でも、就労等を通じて積極的に社会に参加し、自立することができるよう支援を行うことが必要である。」と述べられています。そして、保護脱却段階の取り組みとして、保護受給中の就労収入のうち、収入認定された金額の範囲内で別途一定額を仮想的に積み立て、安定就労の機会を得たことにより保護廃止にいたった時に支給する「就労収入積立制度」の創設を検討することを提言しています。

▍就労自立給付金の概要

　報告書をうけて生活保護法が改正（2013（平成25）年制定・2014（平成26）年施行）され、「就労収入積立制度」を具体化した**就労自立給付金**が新たに設けられました。

　具体的には、生活保護受給中の就労収入のうち、収入認定された金額の範囲内で毎月の就労収入の最大30％を仮想的に積み立て、安定就労の機会を得て生活保護から脱却した際にはその仮想的な積立額と同額を、就労自立給付金として支給します。

就労自立給付金の概要　図

就労自立給付金のイメージ

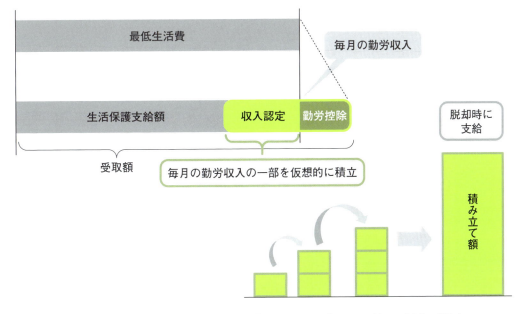

資料：社会保障審議会生活困窮者自立支援及び生活保護部会「就労支援のあり方について」(2022年)を一部改変

就労自立給付金の支給要件

支給要件

- 支給方法：保護受給中の収入認定額の範囲内で仮想的に積み立て、保護脱却時に一括支給
- 対象：安定した職業に就いたことにより保護を必要としなくなったと認めたもの
- 支給額：上限額　単身世帯10万円、多人数世帯15万円
　　　　　保護脱却後に税・社会保険料等の負担が生じることを念頭に、当該負担増相当額の3箇月程度の補填を想定
- 支給時期：保護脱却時に一括支給
- 再受給までの期間：原則3年間

17 進学・就職準備給付金

▶ 生活保護と大学等就学の現状

　生活保護世帯の子どもについて、小学校と中学校等（義務教育）は教育扶助が支給され、高等学校等は生業扶助（高等学校等就学費）が支給され、**世帯内就学**（※1）が認められています。一方、大学・短期大学等への進学については、世帯内就学が認められていないため、進学する場合は**世帯分離**（※2）の扱いとなって生活保護の対象外となり、奨学金等を利用して就学することになります。

　こうした制度上の制約などにより、**生活保護世帯の子どもの大学等（大学、短期大学、専修学校、各種学校）への進学率は全世帯に比べて著しく低い**のが現状です。

▶ 進学・就職準備給付金の概要

　生活保護法改正（2018（平成30）年改正・施行）において**進学準備給付金**が設けられました。進学準備給付金は、生活保護世帯から大学等に進学するときに一時金を支給するもので、2024（令和6）年4月より、高等学校等卒業後に就職する際の新生活の立ち上げ費用に対する支援を行うため「**進学・就職準備給付金**」に改称されました。

　あわせて、従来から生活保護世帯の子どもにかかる大学等の受験料や入学金、転居費用は保護費から減額しない取扱いがされてきましたが、加えて進学により同居しながら世帯分離となった場合もその子どもの分の住宅扶助費を減額しない措置が講じられています。

※1　「世帯内就学」とは、世帯内において就学すること、すなわちその者の最低生活費を生活保護の給付の対象とすることをいいます。
※2　「世帯分離」とは、個人を世帯から分離して扱うことであり、同一世帯ではあるが保護の要否程度を決定するうえで別世帯と同じように扱うという擬制的措置を意味します。

生活保護世帯における高校生に対する支援　図

高等学校等、大学等進学率（令和3年度）

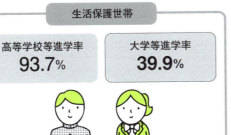

生活保護世帯
- 高等学校等進学率 93.7%
- 大学等進学率 39.9%

全世帯
- 高等学校等進学率 99.1%
- 大学等進学率 75.2%

生活保護世帯における高校生に対する支援

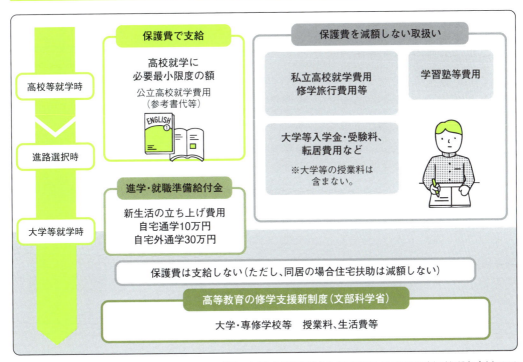

高校等就学時
- 保護費で支給：高校就学に必要最小限度の額（公立高校就学費用、参考書代等）
- 保護費を減額しない取扱い：私立高校就学費用、修学旅行費用等／学習塾等費用

進路選択時
- 保護費を減額しない取扱い：大学等入学金・受験料、転居費用など ※大学等の授業料は含まない。

大学等就学時
- 進学・就職準備給付金：新生活の立ち上げ費用　自宅通学10万円　自宅外通学30万円
- 保護費は支給しない（ただし、同居の場合住宅扶助は減額しない）
- 高等教育の修学支援新制度（文部科学省）：大学・専修学校等　授業料、生活費等

資料：厚生労働省「子どもの貧困への対応について」『第22回社会保障審議会生活困窮者自立支援及び生活保護部会』（2022年）を一部改変

18 生活保護世帯に対する相談援助と自立支援

▍「指導及び指示」と「相談及び助言」

生活保護世帯に対する相談援助の一環として、**「指導及び指示」**と**「相談及び助言」**が、保護の実施機関（福祉事務所）で行われています。

「指導及び指示」は、被保護者の自由を尊重し、必要の最少限度にとどめなければならないこと、被保護者の意に反して、指導または指示を強制し得るものと解釈してはならないとされています。

「相談及び助言」は、要保護者から求めがあったときに、相談に応じ、必要な助言をすることをいいます。

▍福祉事務所の来所者に対する相談援助と自立支援

福祉事務所の来所者は、相談者（要保護者を除く）、要保護者、被保護者に分けられます。

相談者（要保護者を除く）とは、福祉事務所にかかわる何らかの生活課題を抱える人のことです。直ちに生活保護の受給にはいたらないものの、社会福祉法および社会福祉各法に基づき、相談者の意向に即した相談及び助言（相談援助）が行われます。

要保護者とは、現に保護を受けているといないとにかかわらず、保護を必要とする状態にある人のことです。「相談及び助言」を行うとともに、保護の申請があった場合は要否判定のために要保護者に報告を求め、また調査、医師もしくは歯科医師による検診を行います。

被保護者に対しては、①被保護者の意向を尊重した相談援助（「指導及び指示」を含む。）、②被保護者の選択と決定に基づく支援活動（自立支援）が行われます。②には自立支援プログラム、被保護者就労支援事業が含まれます。

生活保護法における相談援助　図

保護の実施機関による「指導及び指示」と「相談及び助言」

「指導及び指示」

保護の実施機関は、被保護者に対して、生活の維持、向上その他保護の目的達成に必要な指導又は指示をすることができる

（生活保護法第27条第1項）

「相談及び助言」

保護の実施機関は、（中略）要保護者から求めがあつたときは、要保護者の自立を助長するために、要保護者からの相談に応じ、必要な助言をすることができる。　（生活保護法第27条の2）

生活保護法における相談援助と支援の関係

最低生活費＋自立助長		
相談者・要保護者	被保護者	
生活保護における社会福祉実践（相談援助活動及び支援活動）		
相談及び助言	自立助長に即した相談援助	自立助長に即した支援
相談援助		自立支援
相談者・要保護者の意向に即した相談及び助言	被保護者の意向を尊重した相談援助活動	被保護者の選択と決定に基づく支援活動（自立支援プログラムを含む）
●相談及び助言〈相談者〉・社会福祉法および社会福祉各法〈要保護者〉・生活保護法第27条の2（相談及び助言）　　　　　　　　●保護申請に伴う助言指導〈要保護者〉・生活保護法第28条（報告、調査及び検診）	●指導及び指示に基づく相談援助活動〈被保護者〉・生活保護法第27条（指導及び指示）	●相談及び助言〈被保護者〉・生活保護法第27条の2（相談及び助言）・生活保護法第55条の7（被保護者就労支援事業）

注1：相談者（要保護者を除く）、要保護者（被保護者を除く）、被保護者（生活保護利用者）
　2：法定受託事務＝生活保護法第27条・第28条、自治事務＝生活保護法第27条の2・第55条の7
　3：自立支援プログラムは2005年4月から実施
出典：一般社団法人日本ソーシャルワーク教育学校連盟＝編集『最新　社会福祉士養成講座4　貧困に対する支援』中央法規出版、p.213、2021年（★）
★：岡部卓「自立支援の考え方と意義」「生活と福祉」2008年6月号、全国社会福祉協議会、p.25、2008を一部改変

19 自立支援プログラム

▸「自立支援」とは

生活保護の目的の一つである「自立」とは、社会生活ができるように支援していくという社会的自立を目指すものとされています（本章01参照）。

社会保障審議会福祉部会「**生活保護制度の在り方に関する専門委員会**」の報告書（平成16年12月15日）では、生活保護が目指す「自立」（「自立支援」）を、①「**経済的自立**」（「就労自立」）、②「**日常生活自立**」、③「**社会生活自立**」の三つの概念で整理しています。①の「経済的自立」とは、就労による経済的自立のことです。②の「日常生活自立」とは、身体や精神の健康を回復・維持し、自分で自分の健康・生活管理を行うなど日常生活における自立のことです。③の「社会生活自立」とは、社会的なつながりを回復・維持するなど社会生活における自立のことです。

▸「自立支援プログラム」の概要

生活保護制度の抱える課題に対して、「生活保護制度の在り方に関する専門委員会」の報告書では、生活保護制度を「利用しやすく自立しやすい制度へ」という方向性のもと、「**自立支援プログラム**」の創設を提言しました。

「自立支援プログラム」とは、各地方自治体が管内の被保護世帯の現状や地域の社会資源を踏まえ、自主性・独自性を生かして個別支援プログラムを策定し、これに基づいた自立支援を実施するものです。担当職員個人の努力や経験などに依存するのではなく、実施機関として組織的に支援することに主眼が置かれています。「生活保護制度の在り方に関する専門委員会」提言を受けて、2005（平成17）年度より導入されました。

自立支援プログラムの概要　図

自立支援プログラム導入の趣旨

- 被保護世帯が抱えている問題は多様 → 傷病・障害、精神疾患等による社会的入院、DV、虐待、多重債務、元ホームレスなど
- 社会的きずなが希薄 → 相談に乗ってくれる人がいない
- 保護の受給期間の長期化
- 保護の実施機関において、上記問題の多様化や被保護世帯数の増加により、十分な支援が行えない状況

上記のような状況を踏まえ、経済的給付に加え、組織的に自立を支援する制度への転換を目的としています。

自立支援プログラムのイメージ

日常生活自立
- 高齢者・障害者の健康管理支援等
- 金銭管理支援
- 入院患者退院支援

社会生活自立
- 居場所づくり支援（高齢者、元ホームレス、引きこもりの者等に対するボランティア活動参加促進等）

経済的自立
- 被保護者就労準備支援事業
- 生活保護受給者等就労自立促進事業
- 被保護者就労支援事業
- 年金受給権整理

資料：厚生労働省「被保護者に対する自立支援のあり方について」(2022年)

20 被保護者に対する就労支援

▶ 被保護者に対する就労支援のあり方

「生活保護受給者に対する就労支援のあり方に関する研究会報告書」（平成31年３月６日）では、被保護者に対する「本人の意向を尊重した自立の支援」、「包括的・個別的支援」「『就労』を通じて本人の生活を豊かにするための広義の就労支援」（多様な働き方）の重要性が強調されています。

▶ 被保護者に対する就労支援施策

被保護者の就労の困難度、支援の必要性は多様であることから、個々のニーズに応じた就労支援施策が設けられています。ケースワークによる支援（ケースワーカーによる就労支援、適切な就労支援施策へのつなぎ）に加えて、次の事業が実施されています。

- **被保護者就労支援事業**：生活困窮者自立支援法に基づく自立相談支援事業の就労支援に相当する支援を被保護者に対して行います。福祉事務所の就労支援員等による就労に向けた個別支援（就労に関する相談・助言、履歴書の書き方、面接の受け方の支援、個別の求人開拓や定着支援等）などを行います。
- **被保護者就労準備支援事業**：生活困窮者自立支援法に基づく就労準備支援事業と同等の支援を被保護者に対して行います。就労に向けて一定の準備が必要な者に対して日常生活習慣の改善等の支援を行います。
- **生活保護受給者等就労自立促進事業**：ハローワークと地方公共団体（福祉事務所等）が協定を締結し、両者によるチーム支援方式により、支援対象者の就労による自立を促進します。被保護者のみならず、児童扶養手当受給者、住居確保給付金受給者、生活保護の相談・申請段階の者など、広く生活困窮者を対象としています。

生活保護受給者に対する就労支援 図

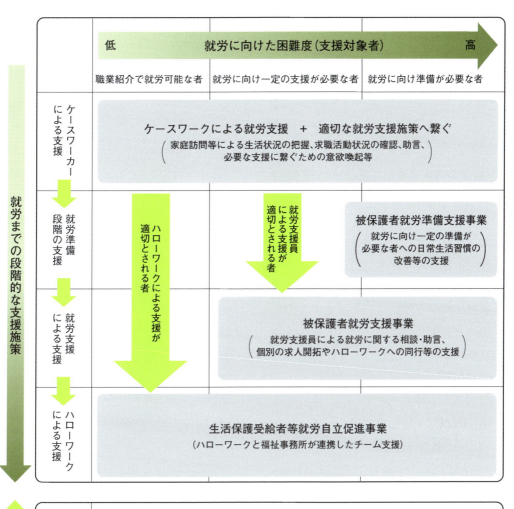

資料：厚生労働省「生活保護受給者に対する就労支援の状況について」（平成30年3月16日）

21 被保護者に対する家計改善支援

▶ 被保護者家計改善支援事業の概要

被保護者家計改善支援事業は、生活困窮者自立支援法に基づく家計改善支援事業と同様の支援を被保護者に対して行う事業です。家計に関する課題を抱える被保護世帯に対する家計管理方法の提案や支援を行うとともに、大学等への進学を検討している高校生等のいる世帯に対する、進学に向けた費用についての相談や助言、各種奨学金制度の案内等を行います。

家計に関する課題を抱える世帯の例として、以下があげられています。

・過去に家賃、水道光熱費、学校納付金、給食費、保育料、税金の滞納や延滞をしたことがある世帯
・債務整理を法律専門家に依頼している世帯
・就労収入が毎月一定でない世帯や児童手当、児童扶養手当等を受給しており月によって収入が異なる世帯
・過去の職歴や生活歴、生活保護の申請理由等から貯蓄に関する意識が比較的低いと考えられる世帯。特に、かつて生活保護を受けていたことがあり、再度保護に至った世帯
・生活困窮者自立支援制度の家計改善支援を受けていた世帯が被保護世帯となった場合
・世帯状況等の変化により、家計の状態も大きく変化した場合 等

▶ 家計改善支援事業による支援

家計改善支援事業による支援は右図の流れで行われます。生活困窮者自立支援法に基づく家計改善支援事業の図解ですが、基本的には被保護者家計改善支援事業も同様です。

生活保護受給者に対する家計改善支援 図

被保護者家計改善支援事業の支援の流れ

家計に問題を抱える世帯

▽

相談受付・アセスメントの実施　家計再生プランの作成

▽

支援の提供
①家計管理に関する支援　②滞納(家賃、税金等)の解消、各種制度の活用、担当部局の調整
③債務整理に関する支援　④貸付けのあっせん

▽

モニタリング及びプラン評価

家計改善支援事業の概観(生活困窮者自立支援制度)

相談者自身、課題が見えるようになるための支援
①家計の状況の「見える化」と根本的な課題の把握
(アセスメントの実施と家計表を用いた家計の実態把握)

▽

ともに目標を設定し、家計の再生に向けて歩き出すための支援
②家計再生プランの作成と各種制度利用に向けた支援
(具体的な目標となる家計計画表やキャッシュフロー表を活用し、具体的な支援内容を提案)

▽

相談者が自ら家計管理を続けていくことの支援
③家計の状況のモニタリングと出納管理の支援
(目標通りに家計管理ができているかを確認し、必要な支援を実施)

▽

早期の生活再生

資料：厚生労働省(2020)「家計改善支援事業の手引き」(令和2年12月28日改正)

22 被保護者に対する健康管理支援

▶ 医療扶助の課題と健康管理支援事業の創設

「被保護者調査」によると、医療扶助率（被保護実人員に対する医療扶助人員の比率）は8割以上（2022（令和4）年度84.3％）であり、**被保護者の医療ニーズの高さ**がうかがえます。被保護者は、医療保険加入者と比較して糖尿病等の生活習慣病の有病割合が高いなど、健康上のさまざまな課題を抱える者が多く、医療扶助費を押し上げる一要因となっています。また、**医療扶助については、頻回受診、重複・多剤投薬、精神障害者等の長期入院といった課題も指摘されています**。

そこで、医療保険におけるデータヘルス（※）を参考に、福祉事務所がデータに基づき、生活習慣病の発症予防・重症化予防等を推進する被保護者健康管理支援事業が創設され、2021（令和3）年1月から全ての福祉事務所設置自治体の必須事業として実施されています。

▶ 被保護者健康管理支援事業の流れ

被保護者健康管理支援事業は、①現状・健康課題の把握、②事業企画、③事業実施、④事業評価、⑤事業報告のプロセスで行われます。プロセス全体でPDCAサイクル（Plan(計画) → Do(実行) → Check(評価) → Action(改善)）が構築されます。

※ データヘルスとは、医療保険者が電子的に保有された健康医療情報を活用した分析に基づいて行う、加入者の健康状態に即したより効果的・効率的な保健事業を指します。

被保護者健康管理支援事業の流れ 図

健康管理支援事業は、次のような各段階からなり、全体でPDCAサイクルを構築している必要があります。

1	現状・健康課題の把握	・現状（既存の取組、健康・医療等情報、社会資源）を調査・分析し、健康課題を把握する
2	事業企画	・事業方針の策定、対象者の抽出・参加予定者の絞り込み、目標・評価指標の設定、支援内容の検討を行う。
3	事業実施	・企画に沿い、集団もしくは個人への介入を行う。 ・個人への介入を行う場合は、個別支援計画の作成及び支援に続き、ふりかえり（評価）も実施する。
4	事業評価	・設定した評価指標に沿い、ストラクチャー評価、プロセス評価、アウトプット評価、アウトカム評価を実施する。
5	事業報告	・厚生労働省への事業報告を行う

1・2：計画 Plan
3：実行 Do
4：評価 Check
→ 改善 Action

資料：厚生労働省「被保護者健康管理支援事業の手引き」（2020年）をもとに作成

23 制度の活用①：生活保護受給の手続き

申請による場合

「申請保護の原則」に基づき、生活保護は要保護者、その扶養義務者またはその他の同居の親族の申請に基いて開始されます。

申請に基づく保護受給の手続きは、右図【申請による場合】の通りです。

（1）事前の相談：生活保護制度の利用を希望する場合は、居住地域を所管する実施機関（福祉事務所）に相談します。生活保護制度についての説明が行われ、生活福祉資金、各種社会保障・社会福祉制度等の活用について検討します。

（2）保護の申請：生活保護の申請をします。事前の相談がなくても申請することができます。申請は書面（申請書の提出）で行いますが、口頭で行うことも可能です。保護の要否および程度を決定するために資力調査（ミーンズテスト）が行われます。以下の調査が実施されます。

（3）保護の受給：要否判定の結果、収入認定額が最低生活費を下回り、要保護であると認められたとき、生活保護を受給することができます。居宅の場合は保護費の支給、居宅での生活が困難な場合は、医療機関への入院、あるいは保護施設等への入所となります。

職権による場合

要保護者が急迫した状況（行き倒れ等）にあるときは、保護の申請がなくても必要な保護を行うことができ、保護の実施機関（福祉事務所）は、すみやかに職権をもって保護を開始しなければならないとされています。

職権によって保護を開始する場合の手続きは、右図【職権による場合】の通りです。

生活保護受給の手続き　図

保護受給にいたる手続き

【申請による場合】

事前の相談 → 保護の申請 → 保護費の支給／医療機関への入院、保護施設等への入所

- 事前の相談
  - ・生活保護制度の説明
  - ・生活福祉資金、障害者施策等各種の社会保障施策活用の可否の検討
- 保護の申請
  - ・預貯金、保険、不動産等の資産調査
  - ・扶養義務者による扶養の可否の調査
  - ・年金等の社会保障給付、就労収入等の調査
  - ・就労の可能性の調査

【職権による場合】

行き倒れ等 → 急迫保護（職権保護） → 医療機関への入院、保護施設等への入所 → 事後の要否判定

- 事後の要否判定
  - ・預貯金、保険、不動産等の資産調査
  - ・扶養義務者による扶養の可否の調査
  - ・年金等の社会保障給付、就労収入等の調査

資料：内閣府「官業民営化等WGヒアリング調査票（給付、徴収業務）「生活保護の決定・実施」別紙1」（2004年）

資力調査（ミーンズテスト）

生活保護の申請をした人について、保護の決定のために以下の調査が実施される

- 生活状況等を把握するための実地調査（家庭訪問等）
- 預貯金、保険、不動産等の資産調査
- 扶養義務者による扶養（仕送り等の援助）の可否の調査
- 年金等の社会保障給付、就労収入等の調査
- 就労の可能性の調査

24 制度の活用②：相談支援のプロセス

▶ 生活保護における相談支援プロセス

　生活保護受給のプロセスでは、保護の実施機関において**給付の手続き（最低生活保障の給付）と相談支援（自立助長のためのサービス）が一体的に行われます**。

▶ （A）生活保護実施過程

　生活保護実施過程は、生活保護の決定・実施にかかる一連の手続きです。保護は要保護者からの申請に基づいて開始するのが原則ですが、急迫している場合は申請がなくても職権で保護を開始します。資力調査（本章23参照）、要否判定（本章12参照）を経て保護の決定が行われ、申請者に書面で14日以内（特別な事情がある場合は30日以内）に通知されます。受給開始後は被保護者の生活状態が調査され、必要と認められるときは保護の変更、保護を必要としなくなったときは保護の停止または廃止を決定します。

▶ （B）相談援助過程

　相談援助過程は、相談者・要保護者の意向に即した相談および助言、被保護者の意向を尊重した相談援助（「指導及び指示」を含む。）を指しています（本章18参照）。

▶ （C）支援過程

　支援過程は、被保護者の選択と決定に基づく支援活動（自立支援）を指すものであり、自立支援プログラムによる支援もこれに含まれます（本章18参照）。受給段階からプロセスが始まること（被保護者を対象とするため）、**説明と参加（被保護者本人の同意と参加の確認）が前提**であることが特徴です。

生活保護における相談援助・支援プロセス 図

(A)生活保護実施過程

受付段階	受付
申請段階	申請 → 資力調査 → 要否判定
	(却下)
受給段階	決定／受給 (開始)(変更・停止)
廃止段階	廃止

(B)相談援助過程

インテーク
①不安・緊張の緩和・解消
②信頼関係の構築
③主訴の明確化
④制度の説明
⑤申請意思の確認と調査への同意
↓

アセスメント(事前評価)
最低生活の保障と自立の助長のための情報収集
①生活歴の聴取(生育歴・職歴・病歴等)
②家族・親族状況の確認
③資産状況の確認
④労働能力の確認
⑤他法他施策の確認
⑥要否判定(収入と最低生活費の対比)
⑦情報収集に基づく分析(解釈)と評価(見立て)
↓

プランニング(援助計画の策定)
①援助課題の設定
②援助計画(目標・内容・方法・手順)の策定
*通常、援助方針と呼ばれている。
↓

インターベンション(援助活動の実施)
①被保護者本人・世帯への直接的働きかけ
②被保護者本人・世帯を取り巻く環境への働きかけ
③新たな社会資源の創出
↓

モニタリング
援助実施モニター
①援助計画どおり行われているかの確認
②被保護者本人・世帯の状況理解
③援助者側の状況理解
↓

エバリュエーション(援助活動の評価)
①援助活動の評価
②援助課題・プログラムの見直し
*通常、援助方針の見直しと呼ばれている。
↓

ターミネーション(終結)
①収入と最低生活費の対比
②援助計画の終結
③廃止後のフォローアップ

(C)支援過程(自立支援プログラムの場合)

アセスメント(事前評価)
①被保護者の意向の確認
②被保護者と被保護者をめぐる状況(環境)に関する情報収集・整理・検討(分析)
③事前評価
↓

説明と参加
①自立支援プログラムの説明
②被保護者の同意と参加の確認
↓

プランニング(自立支援計画の策定)
①支援課題の設定
②自立支援計画(目標・内容・方法・手順)の策定
↓

自立支援計画の実施
①被保護者本人・世帯への直接的働きかけ
②被保護者本人・世帯を取り巻く環境への働きかけ
③新たな社会資源の創出
↓

モニタリング
支援実施のモニター
①支援計画どおり行われているかの確認
②被保護者本人・世帯の状況理解
③支援者の状況理解
↓

エバリュエーション(評価)
①支援活動の評価
②支援課題・計画の再設定
↓

ターミネーション(終結)
①支援目標の達成
②継続することが適当でない場合

出典:一般社団法人日本ソーシャルワーク教育学校連盟=編集『最新 社会福祉士養成講座4 貧困に対する支援』中央法規出版、p.216、2021年(★)

★:岡部卓「板橋区自立支援プログラムの位置付けと意義」東京都板橋区・首都大学東京共編『生活保護自立支援プログラムの構築―官学連携による個別支援プログラムのPlan・Do・See』ぎょうせい、p.12、2007年を一部改変

24 制度の活用②:相談支援のプロセス

25 制度の活用③：被保護者の権利および義務

被保護者の権利

生活保護法における、被保護者の権利として、(1) **不利益変更の禁止**、(2) **公課禁止**、(3) **差押禁止**があります。

被保護者の義務

被保護者の義務としては、(1) **譲渡禁止**、(2) **生活上の義務**、(3) **届出の義務**、(4) **指示等に従う義務**、(5) **費用返還義務**があります。

(1) 譲渡禁止：保護または就労自立給付金もしくは進学・就職準備給付金の支給を受ける権利は、譲り渡すことができないとされています。
(2) 生活上の義務：被保護者は、常に能力に応じて勤労に励み、自ら健康の保持および増進に努め、収入、支出その他生計の状況を適切に把握するとともに支出の節約を図り、その他生活の維持及び向上に努めなければならないとされています。
(3) 届出の義務：被保護者は、収入、支出その他生計の状況について変動があったとき、または居住地もしくは世帯の構成に異動があったときは、すみやかに保護の実施機関または福祉事務所長にその旨を届け出なければならないとされています。
(4) 指示等に従う義務：保護の実施機関が、被保護者に対し必要な指導または指示をしたときは、これに従わなければならないこと等が規定されています。
(5) 費用返還義務：被保護者が、急迫の場合等において資力があるにもかかわらず保護を受けたときは、保護に要する費用を支弁した都道府県または市町村に対して、すみやかに、その受けた保護金品に相当する金額の範囲内において保護の実施機関の定める額を返還しなければならないとされています。

権利および義務　図

被保護者の権利

不利益変更の禁止
正当な理由がなければ、既に決定された保護を、不利益に変更されることがない

公課禁止
保護金品および進学・就職準備給付金を標準として租税その他の公課を課せられることがない

差押禁止
既に給与を受けた保護金品および進学・就職準備給付金またはこれらを受ける権利を差し押さえられることがない

被保護者の義務

譲渡禁止	生活上の義務	届出の義務

指示等に従う義務	費用返還義務

25　制度の活用③：被保護者の権利および義務

26 制度の活用④：不服申立てと訴訟

▶ 不服申立てとは

不服申立てとは、行政庁の違法または不当な処分その他公権力の行使に当たる行為に関し、国民が簡易迅速かつ公正な手続の下で広く行政庁に対する不服を申し立てることをいいます。現行の生活保護制度において、<u>国民には保護の決定および実施にかかる行政処分に対して、不服申立てをする権利があります</u>（ただし、外国人に対しては認められていません）。

▶ 生活保護法における不服申立て──審査請求、再審査請求

保護の決定および実施にかかる行政処分、就労自立給付金、進学・就職準備給付金の支給に関する処分に不服があるときは、都道府県知事に対して**審査請求**を行うことができます。審査請求をうけて、都道府県知事による審理が行われます。期間内に裁決がない場合は、棄却とみなされます。

審査請求に対する裁決に不服がある者は、厚生労働大臣に対して**再審査請求**を行うことができます。再審査請求をうけて、厚生労働大臣による審理が行われます。

▶ 行政事件訴訟

審査請求、再審査請求の裁決をうけてもなお不服の場合、処分の取り消しを求める**取消訴訟（行政事件訴訟）**を提起することができます。

取消訴訟は、当該処分についての審査請求に対する裁決を経た後でなければ提起することができない（<u>審査請求裁決後であれば訴訟を提起することができる</u>）とされており、これを審査請求前置主義といいます。

不服申立ての手続き　図

生活保護制度における不服申立ての手順

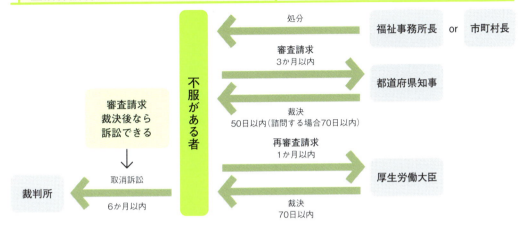

出典：岡部卓「生活保護制度」一般社団法人日本ソーシャルワーク教育学校連盟編『最新社会福祉士養成講座4　貧困に対する支援』中央法規出版、p.97、2021年

行政不服審査法に基づく審査請求書の記載例

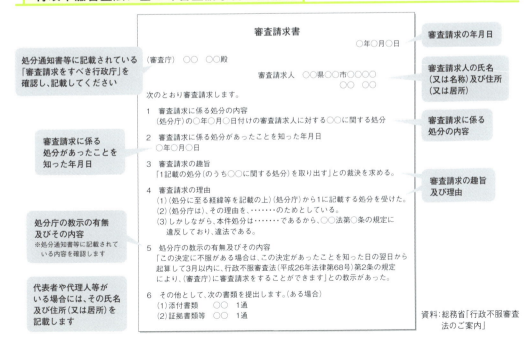

資料：総務省「行政不服審査法のご案内」

26　制度の活用④：不服申立てと訴訟

第2章参考文献

- 小山進次郎『改訂増補 生活保護法の解釈と運用』中央社会福祉協議会、1950年
- 社会福祉士養成講座編集委員会編『新・社会福祉士養成講座16 低所得者に対する支援と生活保護制度 第5版』中央法規、2019年
- 厚生労働省社会・援護局保護課「生活保護法改正法の概要」2013年
- 『生活保護手帳 2024年度版』中央法規、2024年
- 『生活保護手帳 別冊問答集 2024年度版』中央法規、2024年
- 竹下義樹編集代表『いのちとくらし生活保護Q&A50プラス1－あきらめる前にこの一冊』高菅出版、2004年
- 大山典宏編著『精選 生活保護運用実例集』第一法規、2023年
- 高藤昭「外国人に対する生活保護法の適用について：ゴドウィン訴訟第一審判決を契機として」『社会労働研究』42（3）、法政大学社会学部学会、1995年
- 生活保護問題対策全国会議編『外国人の生存権保障ガイドブック－Q&Aと国際比較でわかる生活保護と医療』明石書店、2022年
- 厚生労働省「生活保護受給者に対する就労支援のあり方に関する研究会報告書」（平成31年3月6日）
- 厚生労働省「令和4年度 被保護者調査 月次調査（確定値）結果の概要」（2024年）
- 厚生労働省「被保険者とサービス受給者の範囲」第12回社会保障審議会介護保険部会資料2、2004年
- 社会福祉法人全国社会福祉協議会「保護施設の支援機能の実態把握と課題分析に関する調査研究事業」（2020年）
- 厚生労働統計協会編『国民の福祉と介護の動向2023／2024』2023年
- 厚生労働省「『生活困窮者自立支援制度及び生活保護制度の見直しに関する最終報告書』（社会保障審議会生活困窮者自立支援及び生活保護部会）参考資料集」（令和5年12月27日）
- 厚生労働省社会・援護局「令和元年度 全国厚生労働関係部局長会議資料（詳細資料）」（令和2年1月17日）
- 厚生労働省社会・援護局保護課「生活保護制度の概要等について」第38回社会保障審議会生活保護基準部会（令和3年4月27日）参考資料
- 生活保護制度研究会編『生活保護のてびき 令和6年度版』第一法規、2024年
- 社会保障審議会生活困窮者の生活支援の在り方に関する特別部会「社会保障審議会 生活困窮者の生活支援の在り方に関する特別部会報告書」（平成25年1月25日）
- 厚生労働省「就労支援のあり方について」第16回社会保障審議会生活困窮者自立支援及び生活保護部会（令和4年7月8日）資料2
- 厚生労働省社会・援護局「全国厚生労働関係部局長会議（厚生分科会）資料」（平成26年1月22日）
- 厚生労働省（2022b）「子どもの貧困への対応について」第22回社会保障審議会生活困窮者自立支援及び生活保護部会（令和4年10月31日）資料1
- 岡部卓『新版 福祉事務所ソーシャルワーカー必携－生活保護における社会福祉実践』全国社会福祉協議会、2014年
- 生活保護制度の在り方に関する専門委員会「生活保護制度の在り方に関する専門委員会 報告書」（2004年）
- 生活保護自立支援の手引き編集委員会編『生活保護自立支援の手引き』中央法規、2008年
- 生活保護受給者の社会的な居場所づくりと新しい公共に関する研究会「生活保護受給者の社会的な居場所づくりと新しい公共に関する研究会報告書」（平成22年7月）
- 厚生労働省「被保護者に対する自立支援のあり方について」第15回社会保障審議会生活困窮者自立支援及び生活保護部会（令和4年6月17日）資料2
- 厚生労働省「生活保護受給者に対する就労支援の状況について」第1回生活保護受給者に対する就労支援のあり方に関する研究会（平成30年3月16日）資料4
- 厚生労働省「家計改善支援事業の手引き」（令和2年12月28日改正）
- 厚生労働省「被保護者健康管理支援事業の手引き（令和2年8月改定版）」
- 医療扶助に関する研究会（2022）「医療扶助に関する見直しに向けた整理」（厚生労働省・医療扶助に関する研究会報告書）（令和4年9月6日）
- 岡部卓「板橋区自立支援プログラムの位置付けと意義」東京都板橋区・首都大学東京共編『生活保護自立支援プログラムの構築－官学連携による個別支援プログラムのPlan・Do・See』ぎょうせい、2007年
- 岡部卓「生活保護制度」一般社団法人日本ソーシャルワーク教育学校連盟編『最新社会福祉士養成講座4 貧困に対する支援』中央法規、2021

第 3 章

生活困窮者自立支援制度

01 生活困窮者自立支援制度とは？

▶ 個と地域を紡ぐ相談支援

　社会経済情勢や雇用環境の変化により、非正規雇用や生活保護利用者などが増加しました。そればかりではなく、ひきこもり状態や長期失業者、自殺、孤独・孤立な人なども多くみられます。これらの背景に経済的困窮や社会的孤立などがあります。また既存の社会保険制度が機能不全に陥っていることも指摘されています。そのため第1のセーフティネット（社会保険制度など）と第3のセーフティネット（生活保護制度）との間に、**第2のセーフティネット**として2015（平成27）年4月に**生活困窮者自立支援制度**が施行されました。この制度は、生活保護に至る前段階から生活に困窮する人々に対して、早期かつ包括的に相談支援を行います。本制度は、<u>個人が抱える課題の解決とともに他者や地域とのつながりを紡ぎ、人々の尊厳や生活の回復を促す相談支援</u>です。

▶ 生活困窮者自立支援制度の基本理念

　生活困窮者自立支援制度は、現に生活に困窮し最低生活を維持できなくなるおそれがある人を支援する制度です。この制度の基本理念は「**生活困窮者の自立と尊厳の確保**」と「生活困窮者支援を通じた地域づくり」です。「生活困窮者の自立と尊厳の確保」は、生活に困窮する人々の主体性や状況に応じた自立を支援することです。本人の困りごとなどに寄り添い、自尊心や肯定感に配慮した支援をします。次に「**生活困窮者支援を通じた地域づくり**」とは、生活に困窮する人々の早期発見や見守りなどのために包括的な相談支援を用意し、参加や就労する場を広げ地域や支援に必要なネットワークを構築していきます。また社会的孤立に対応するために、つながり続けることを目的とする伴走型支援も重要となります。

生活困窮者自立支援制度の概要 図

生活に困窮する人々に対する重層的なセーフティネット

生活に困窮する人々に対する重層的なセーフティネットを構成している

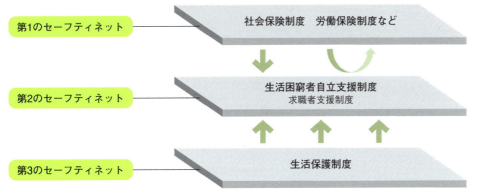

- 第1のセーフティネット：社会保険制度　労働保険制度など
- 第2のセーフティネット：生活困窮者自立支援制度／求職者支援制度
- 第3のセーフティネット：生活保護制度

資料：厚生労働省「生活困窮者自立支援法について」をもとに作成

生活困窮者自立支援法の理念と支援のかたち

生活困窮者自立支援法の理念

生活困窮者の自立と尊厳の確保 生活困窮者支援を通じた地域づくり

生活困窮者支援のかたち
- 包括的な支援
- 個別的な支援
- 分権的・創造的な支援
- 継続的な支援
- 早期的な支援

生活保護に至る前の段階の自立支援策の強化を図るため、生活困窮者に対し、自立相談支援事業の実施、住居確保給付金の支給その他の支援を行うための所要の措置を講じます。

資料：厚生労働省「生活困窮者自立支援法について」をもとに作成

02 生活困窮者自立支援制度のしくみ

生活困窮者自立支援制度の支援のかたちと事業

　生活困窮者自立支援制度において生活困窮者支援のかたちは、主に五つあります。それは①包括的な支援、②個別的な支援、③早期的な支援、④継続的な支援、⑤分権的・創造的な支援です。これらを念頭に相談支援は展開されます。

　次に各事業をみれば、**自立相談支援事業**、**住居確保給付金**、**就労準備支援事業**、**一時生活支援事業**、**家計改善支援事業**、**子どもの学習・生活支援事業**があり、この他にも都道府県知事等による就労訓練事業（中間的就労）の認定、その他生活困窮者の自立の促進に必要な事業があります。なお各事業には必須事業と任意事業があります。必須事業には自立相談支援事業と住居確保給付金があり、近年の法改正で家計改善支援事業と就労準備支援事業が努力義務化されました。その他の事業は任意事業となっています。

生活困窮（者）とは

　生活に困っているや家賃が払えない、仕事がみつからない、病気で働けない、社会に出るのが怖いなど、生活困窮（者）の状況はさまざまです。2018（平成30）年の法改正において生活困窮者とは「就労の状況、心身の状況、地域社会との関係性その他の事情により、現に経済的に困窮し、最低限度の生活を維持することができなくなるおそれのある者」とされています。

　生活困窮（者）とは、経済的困窮のみにとどまらず、心身の不調、失業、社会的孤立などの課題が複合化している状態ということが言えます。このように生活に困窮する人々は、経済的困窮とともに幾重にも社会的不利、社会的孤立が重なり、困難がインターロック（連結）している状態であるといえます。

生活困窮者自立支援制度のしくみ　図

生活困窮者自立支援制度の体系

来所 ⇔ 訪問　→　包括的な相談支援　→　本人の状況に応じた支援

★自立相談支援事業
- 生活と就労に関する支援員を配置したワンストップ相談窓口
- 一人一人の状況に応じ、自立に向けた支援計画を作成

□支援会議
- 関係機関が参加して生活困窮者に関する情報共有や地域課題解決に向けた議論を行う
- 自ら支援を求めることが困難な生活困窮者を早期に支援につなぐ

再就職のために住まいの確保が必要
★住居確保給付金の支給
- 就職活動を支えるための家賃費用を有期で給付

緊急に衣食住の確保が必要
□一時生活支援事業
- 住居喪失者に一定期間、衣食住などの日常生活に必要な支援を提供

住まいの課題があり地域社会からも孤立
- シェルター等利用者や居住困難者に一定期間の見守りや生活支援
- 令和7年4月1日より「居住支援事業」に改称し、地域の実情に応じた必要な支援の実施の努力義務化

就労に向けた手厚い支援が必要
◆就労準備支援事業
- 一般就労に向けた日常生活自立・社会生活自立・就労自立のための訓練

□認定就労訓練事業
- 直ちに一般就労が困難な方に対する支援付きの就労の場の育成

家計の見直しが必要
◆家計改善支援事業
- 家計を把握することや利用者の家計改善意欲を高めるための支援

子どもに対する支援が必要
□子どもの学習・生活支援事業
- 子どもに対する学習支援
- 子ども・保護者に対する生活習慣・育成環境の改善、教育・就労に関する支援など

★必須事業
- 自立相談支援事業
- 住居確保給付金

◆努力義務
- 家計改善支援事業
- 就労準備支援事業
- 支援会議（令和7年4月より）

□任意事業
- 一時生活支援事業
  ※居住支援事業（令和7年4月より：努力義務化）
- 子どもの学習・生活支援事業　など

【必須事業とは】
福祉事務所を設置する自治体で必ず行わなければならない事業です。
【任意事業とは】
実施するか否かが自治体の判断に任される事業です。

資料：厚生労働省「令和6年 生活困窮者自立支援法等改正への対応ガイド」（令和6年6月26日）をもとに作成

02　生活困窮者自立支援制度のしくみ

03 自立相談支援事業

🟢 生活困窮者に対する包括的支援のかなめ(要)

　生活困窮者自立支援制度の**自立相談支援事業**は、生活困窮者を包括的に支援するかなめ（要）です。あらゆる課題や困りごと、悩みなどが窓口に持ち込まれ、それらを自立相談支援機関で受け、包括的に相談にのります。自立相談支援機関は、生活に困窮する人々やその家族・関係者からの相談に応じ、アセスメントと個々の置かれた状況にあったプランを作成し、サービス提供につなげます。

　そのほかにも関係機関とのネットワークづくりや社会資源の開発、関係機関への同行訪問なども行います。このことから自立相談支援事業は、個人と地域を対象としていることがわかります。

　さらに自立相談支援事業は、家計改善支援事業と就労準備支援事業との連続的で切れ目のない一体的な実施を行い、自立相談支援事業の相談の出口ツールとしての支援を行っています。

🟢 自立相談支援機関の相談支援

　自立相談支援機関は、生活に困窮する人々の相談支援の窓口となります。自立相談支援機関の相談支援の過程は、①生活困窮者の抱える課題の評価・アセスメント（分析）、ニーズの把握、②ニーズに応じた計画的・継続的な自立支援計画の策定、③自立相談支援計画に基づく支援が包括的に行われるように関係機関との連絡調整などを実施します。また生活に困窮する人々が地域で潜在化している場合や支援を求めない、支援の必要性に気づいていないこともあります。そのような人々への**アウトリーチ**などを行い、生活に困窮する人々の早期発見などに努めることも求められています。

自立相談支援機関の相談支援　図

自立相談支援機関の相談支援プロセス

生活に困窮する人々 → 相談窓口

自立相談支援機関
包括的・継続的な支援 → 生活困窮状態からの脱却

- 総合的なアセスメント
  就労、滞納など困りごとの整理
- 支援プラン作成・実行
  同行支援、他機関の紹介など
- モニタリング・プラン評価
  プラン振り返りと課題整理
- （必要に応じて）プラン見直し

連携

| 生活困窮者自立支援法に基づく支援（住居確保給付金など） | ハローワークや法テラスなど他制度の支援 | 民生委員の見守り、フードバンクによる食材の提供などインフォーマルな支援 |

資料：社会保障審議会生活困窮者自立支援及び生活保護部会「生活困窮者自立支援制度及び生活保護制度の見直しに関する最終報告書参考資料集」（令和5年12月27日）をもとに作成

主任相談支援員・相談支援員・就労支援員の業務・役割

主任相談支援員
主に相談支援業務のマネジメントや社会資源の開発などを担います。
- 相談支援事業のマネジメント
- 支援困難事例などの高度な相談支援事業
- 社会資源の開拓、地域住民への普及啓発活動などの地域への働きかけ

相談支援員
全般的な相談支援を担います。
- 生活困窮者への相談支援全般
- 個別的・継続的・包括的な支援の実施
- 社会資源その他の情報の活用・連携

就労支援員
就労に関するアドバイスやハローワークへの同行などを担います。
- 就労意欲の喚起を含む福祉面での支援
- 就労支援（能力開発、職業訓練、無料職業紹介、求人開拓など）
- キャリアコンサルティング
- ハローワークや協力企業などとの連携
- フォローアップ　など

出典：自立相談支援事業従事者養成研修テキスト編集委員会編集『生活困窮者自立支援法　自立相談支援事業従事者養成研修テキスト　第2版』中央法規出版、2022年をもとに作成

04 住居確保給付金

▌求職活動のためにも安定した居住の確保が必要

　私たちにとって居住は、生活や就労などの拠点となります。この居住の場を失うと生活と就労がおぼつかなくなります。リーマンショック以降、日本では離職や廃業、休業などにより居住の場を失う、もしくは失うおそれのある人々が増加しました。生活に困難を抱える方々が生活を立て直そうとするとき、居住の安定的な確保は欠かせません。

　例えば、ネットカフェや知人宅などを行き来している人々などのように住居が不安定なままでは、公共職業安定所（ハローワーク）での求人登録ができず求職活動もままなりません。そもそも不安定な居住は、生きていくうえでも好ましい状態ではなく、生きることが脅かされている状況ともいえるでしょう。

▌住居確保給付金とは

　住居確保給付金とは、離職や廃業、休業などにより、住居を失うおそれがある人々に対して、家賃相当額の支給を行い、求職活動中における安定した住まいを確保する支援です。支給の対象は①離職・廃業後２年以内の者で、なお疾病等でやむを得ない事情があれば最長４年以内の者を対象としています。②自己の責めによらず収入が減少し、離職・廃業と同等程度の状況にある者も対象です。支給期間は原則３か月であり、求職活動をしていれば最大３か月の延長（延長２回・最長９か月まで）が可能です。

　求職活動要件は原則、公共職業安定所または地方公共団体の公的な無料職業紹介の窓口に求職の申し込み、求職活動を行うことです。ただし一定の要件下で、公的な経営相談先へ経営相談の申し込み、その助言などにより業務上の収入の機会の増加を図る取り組みを行う場合も含みます。

住居確保給付金のしくみ　図

住居確保給付金の概要

支給対象者

以下①又は②の者
①離職・廃業後2年以内の者（当該期間に疾病等やむをえない事情があれば最長4年以内）
②自己の責めによらず収入が減少し、離職・廃業と同程度の状況にある者

支給要件

一定の収入要件（※）、資産要件、求職活動要件あり
※市町村民税均等割＋家賃額程度の水準、特別区では単身13.8万円、2人世帯19.4万円

求職活動要件

原則、①による求職活動を行う。ただし、一定の要件の下、②による取組みも可とする。
①公共職業安定所又は地方公共団体が設ける公的な無料職業紹介の窓口に求職の申込みをし、求職活動を行う。
②公的な経営相談先へ経営相談の申込みをし、その助言等に基づいて、業務上の収入を得る機会の増加を図る取組を行う。

支給額

家賃額（住宅扶助額を上限）
（特別区では単身5.4万円、2人世帯6.4万円）

支給額

原則3か月（求職活動等を行っている場合は3か月延長可能（最長9か月まで））

資料：社会保障審議会生活困窮者自立支援及び生活保護部会「生活困窮者自立支援制度及び生活保護制度の見直しに関する最終報告書参考資料集」（令和5年12月27日）をもとに作成

住居確保給付金のスキーム

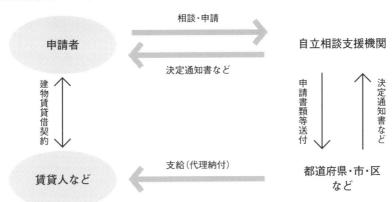

資料：社会保障審議会生活困窮者自立支援及び生活保護部会「居住支援のあり方について」（令和4年10月31日）をもとに作成

05
就労支援

働くことを支援する

　「働く」とは、労働力を提供し収入を得ることですが、それ以上に自らの自尊心を育み、仲間や社会に承認され、他者とのつながりを実感することでもあります。

　バブル経済崩壊などにより、長期にわたり景気が低迷し、失業する人々が増え、そして非正規雇用が大幅に増加しました。そのため長期的に安定的な職業に就くことができなかったり、仕事が不安定なため生活基盤が脆弱であったり、離職に伴う長期のひきこもり、社会的孤立などがみられました。このような課題を抱える人々の就労支援は、単に就職の紹介、斡旋などにとどまらず、自尊心や自己肯定感、他者・地域とのつながりの回復も見据えた支援でなければなりません。

生活困窮者自立支援の就労支援とは

　生活困窮者自立支援の就労支援は主に三つあります。

　一つ目は、**自立相談支援機関（就労支援員）による就労支援**です。就労に向けた準備が一定程度整っている場合に、個別支援を行い、就労を可能とする支援です。

　二つ目は、**就労準備支援事業による就労支援**です。就労に向けた準備が整っていない場合に行う支援です。例えば、生活のリズムが崩れている等があります。就労意欲の喚起や一般就労に向けた基礎能力の形成、日常生活や社会生活に関する支援を行います。

　三つ目は、**就労訓練事業による就労支援**です。生活に困窮する人々のなかには、直ちに就労することが難しい場合もあります。この場合、社会参加や中間的就労を通じて支援をしていきます。この他にもハローワークの窓口の利用や自治体とハローワークが一体的に行う生活保護受給者等就労自立促進事業などもあります。

生活困窮者自立支援制度に基づく就労支援　図

認定就労訓練事業（いわゆる中間的就労）

【非雇用型】
働き方や作業内は本人の体調や能力にあわせて！
無償・有償での就労訓練が可能

⟷

【雇用型】
就労条件に一定の配慮（柔軟な対応）
最低賃金

⟷

【一般就労】

資料：社会保障審議会生活困窮者自立支援及び生活保護部会「生活困窮者自立支援制度及び生活保護制度の見直しに関する最終報告書参考資料集」（令和5年12月27日）をもとに作成

就労準備支援事業

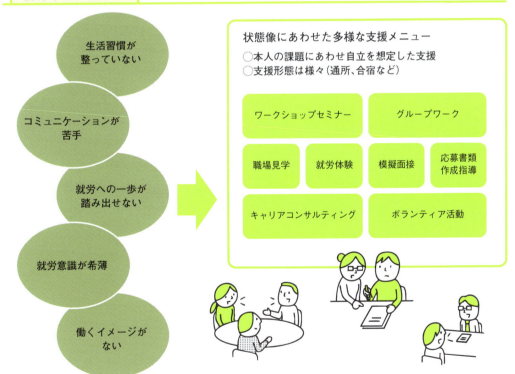

- 生活習慣が整っていない
- コミュニケーションが苦手
- 就労への一歩が踏み出せない
- 就労意識が希薄
- 働くイメージがない

状態像にあわせた多様な支援メニュー
○本人の課題にあわせ自立を想定した支援
○支援形態は様々（通所、合宿など）

- ワークショップセミナー
- グループワーク
- 職場見学
- 就労体験
- 模擬面接
- 応募書類作成指導
- キャリアコンサルティング
- ボランティア活動

資料：社会保障審議会生活困窮者自立支援及び生活保護部会「生活困窮者自立支援制度及び生活保護制度の見直しに関する最終報告書参考資料集」（令和5年12月27日）をもとに作成

06 一時生活支援事業

▶ 衣食住の緊急的な支援

　公園や河川敷などでホームレス状態の人やネットカフェ、知人宅などを行き来する人、仕事先の寮・社宅で失業に至ることで住まいを失う人など、不安定な住まいや生活をしている人々が多くいます。そして、DVや虐待により、住まいや暮らしが脅かされている人々もいます。不安定な住まいや生活をしている人は、地域社会から孤立した状況に陥りやすいともいえます。このような不安定な住まいや生活をしている人々に対して、緊急的に衣食住の確保する必要があります。

▶ 一時生活支援事業とは

　一時生活支援事業は、不安定な住まいなどにある人々に一定期間、宿泊場所や衣食を提供し、これからの生活に向けて就労支援などの自立支援を行う事業です。一時生活支援事業には、「**シェルター事業**」と「**地域居住支援事業**」があります。

　「シェルター事業」では、当面の日常生活を支援し、宿泊場所や食事の提供、衣類などの日用品の支給などを行います。自立相談支援機関と連携し、住居の確保や就労に向けた支援なども実施します。また「シェルター事業」を利用している間に、住居の確保や就労に向けた資金の貯蓄などを実現し、自立をはかります。

　2018（平成30）年の法改正で追加された「地域居住支援事業」では、①不動産業者への同行支援や物件の情報収集などの「入居にあたっての支援」、②訪問や見守りなどの「居住を安定して継続するための支援」、③地域とのつながりの促進などの「環境整備」などを行います。社会的孤立を防止し地域において、自立した生活の継続をできるようにしていきます。

一時生活支援事業による支援　図

一時生活支援事業の支援のイメージ

路上、河川敷、ネットカフェ、サウナ、友人宅に寝泊まり

住居に不安を抱えている人々

自立相談支援機関

巡回相談・訪問など

シェルター事業

当面の日常生活支援
- 宿泊場所や食事の提供
- 衣類などの日用品の支給など

※自立相談支援機関と連携し、住居の確保や就労に向けた支援なども実施
※緊急一時的な支援が必要な生活困窮者に対する一時的な支援・支援先・受入れ先の調整などの実施も可

地域居住支援事業

入居支援・地域での見守り支援
① 入居に当たっての支援
  - 不動産業者などへの同行支援
  - 保証人や緊急連絡先が不要な物件、低廉な家賃の物件情報の収集
② 居住を安定して継続するための支援
  - 訪問などによる居宅における見守り支援
③ 環境整備
  - 地域とのつながり促進支援
  - 協力を得やすい不動産事業者などとのネットワーク構築など

資料：社会保障審議会生活困窮者自立支援及び生活保護部会「生活困窮者自立支援制度及び生活保護制度の見直しに関する最終報告書　参考資料集」（令和5年12月27日）／厚生労働省「令和6年生活困窮者自立支援法等改正への対応ガイド」（令和6年6月26日）をもとに作成

一時支援事業から居住支援事業の強化

居住支援事業

一時生活支援事業は、2025（令和7）年4月から「居住支援事業」に改称され、居住支援が強化されます。居住支援事業では「一時的な居所の確保の支援」と「地域で安定的に居住を継続していくための支援」の両輪で進めていくことが明確化され、本事業の実施が努力義務化されます。ホームレスのみならず、住まいの不安定等を抱える人々に対する支援を充実し、本人の自立や地域の孤立の防止などを図っています。

一時生活支援事業（任意事業）

シェルター事業
〈当面の日常生活支援〉

地域居住支援事業
- 入居支援　・見守り支援（※）　・環境整備
  （※）期間は最長1年

居住支援事業（必要な支援の実施を努力義務化）

シェルター事業
〈当面の日常生活支援〉

地域居住支援事業
- 入居支援　・見守り支援（※）　・環境整備
  （※）期間の柔軟化（延長も可とする）

資料：厚生労働省社会・援護局地域福祉課生活困窮者自立支援室「厚生労働省における居住支援～主に生活困窮者自立支援の立場から～」（令和6年9月19日）をもとに作成

07 家計改善支援事業

● 家計に課題を抱えるとは

　家計とは、一般的に労働によって得た収入（給与など）をもとに、生活財やサービスを購入するために支出し生活を営むことです。そのため家計の収入と支出のバランスが保たれていることが望まれます。

　家計のバランスが崩れた状態とは、収入と支出が不均衡な状態であり、特に支出超過となっている場合が多いです。家計のバランスが崩れるとき、その背景にはさまざまな課題が複合的に絡み合ってきます。例えば、働いて得た収入はあるものの家族が、それぞれがお金を使いすぎ、支出が多く、家賃や携帯電話代などに滞納がみられる、または疾病のため正職員を離職してしまい収入が不安定となり、公共料金等に滞納がみられるなどです。また家計のバランスを維持するために、借金を繰り返し**多重債務**に陥ることなど、さまざまな課題が絡み合っていることが考えられます。このように家計に課題を抱えるとき、そこには生活困窮に関する複合的な課題が潜んでいることが多々みられます。

● 家計改善支援事業とは

　家計改善支援事業では、家計に問題を抱える人々の相談に応じ、家計に関するアセスメントを行い、家計状況を"見える化"し、家計再生の計画、家計に関する個別プランを作成して、家計管理の意欲を引き出す取り組みです。対象は、家計の状況が理解できていない、家計の収支の変化が大きい、債務や滞納等により生活に困窮する人々です。支援としては、①世帯の家計の「見える化」、②「月単位または数年先の家計推移の見通しを立て家計計画を検討（家計計画表・キャッシュフロー表の作成）、③継続的な面談を通じたモニタリングなどです。

家計改善支援事業で使用する主なツール

● 相談時家計表

● 家計計画表

● キャッシュフロー表

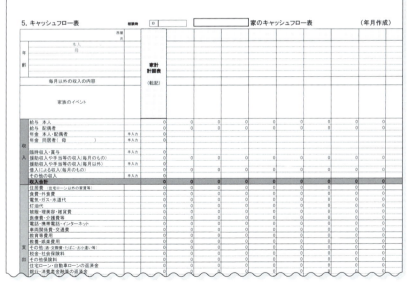

その他…
● 家計再生プラン（家計支援計画）
● 支援経過記録シート
● 評価シート

など

資料：厚生労働省「家計改善支援事業の手引き（添付書類）様式、記入要領」（2015年）

07 家計改善支援事業　85

08 子どもの学習・生活支援事業

教育格差と貧困の連鎖を断ち切るために

先進諸国と比較し、日本の子どもの相対的貧困率は高い水準になっています。日本は教育や子育てに関する支援が拡充してきているものの、まだまだ乏しく教育費用を親や保護者が負担することが多いです。**教育格差**とは、生まれた家庭や地域において最終学歴などが異なることであり、例えば、親の収入や資産、学歴によって子どもの学力や学歴に影響を及ぼすことを言います。

要するに、生活に困難を抱える家庭で生まれた子どもは、十分な教育を受けられず、進学や就職に不利な状況に陥ります。さらにこのような不利な状況が親（保護者）から子どもへ受け継がれていく**貧困の連鎖**も生じやすい状況を招いてしまいます。教育格差と貧困の連鎖を断ち切るためにも子どもと家庭に対する支援が必要となります。

子どもの学習・生活支援事業とは

子どもの学習・生活支援事業では、貧困の連鎖などを防止するために、生活保護受給世帯を含む生活困窮世帯の子どもと親（保護者）を対象に学習支援、生活習慣・育成環境の改善、教育・就労に関する支援を行います。具体的には、「将来の自立に向けた包括的な支援」として、勉強を教えるのみならず、居場所づくりや日常生活の支援、親（保護者）への養育支援などを通じた包括的な支援を行います。次に「世帯全体への支援」では、必要に応じて自立相談支援機関等と連携し世帯全体に対する支援を行います。これらを通じて、子どもと親（保護者）にアプローチし貧困の連鎖を断ち切る相談支援を行い子どもの将来的な自立を支えていきます。

子どもの学習・生活支援事業 図

貧困の連鎖

おとな（親）の貧困
- 不十分な教育
- 不安定な仕事
- 借金・滞納
- 経済的困窮
- 孤立・孤独

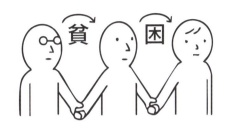

子どもの貧困
- 進学をあきらめる
- 体験の欠如
- 家庭・地域に居場所がない
- 孤立・孤独
- あらゆる機会の欠如

↓

おとな（親）の貧困
- 不十分な教育
- 不安定な仕事
- 借金・滞納
- 経済的困窮
- 孤立・孤独

生活困窮世帯の子ども等を取り巻く主な課題と子どもの学習・生活支援事業

学習面	生活面	親の養育
・勉強や学校の卒業、就労することなどに意味を感じられない　など	・家庭に自分の居場所がない ・生活習慣などが身についていない　など	・子どもとのかかわりが少ない ・子育てへの時間的・精神的な余裕がない　など

総合的に対応 ↓

子どもの学習・生活支援事業

【学習支援】	【生活習慣・育成環境の改善】	【教育・就労に関する支援】
・日々の学習習慣の習慣づけ、授業などのフォローアップ ・高校進学支援　など	・学校・家庭以外の居場所づくり ・生活習慣の形成・改善支援　など	・高校生世代などに対して、進路を考えるきっかけづくりに資する情報提供の強化　など

資料：社会保障審議会生活困窮者自立支援及び生活保護部会「生活困窮者自立支援制度及び生活保護制度の見直しに関する最終報告書　参考資料集」（令和5年12月27日）／厚生労働省「令和6年生活困窮者自立支援法等改正への対応ガイド」（令和6年6月26日）をもとに作成

09 制度の活用：相談支援の流れ

▶ 自立相談支援事業の相談支援の流れ

　自立相談支援事業の相談支援の流れをみていきましょう。
　①来談者とのつながりは、相談窓口への来所や電話、相談員たちによるアウトリーチ、他機関や地域からの紹介などがあります。ここでは早期に生活困窮者を把握することが求められます。②相談受付では来談者の相談を丁寧に聴き、相談員は自立相談支援機関による支援か、他機関の窓口につなげるべきかなどを判断します。相談員は、来談者が「たらい回し」にならいないように同行支援などをします。③来談者のアセスメントを行います。来談者の状況について包括的に情報収集・把握し、課題や背景などを探り、解決の方策を検討します。④プラン策定では、来談者と相談員が協働してプランを作成し、支援調整会議で目標や支援内容などを協議・共有します。⑤支援の決定では、プラン内容にそってサービスの実施を決め支援の提供などとなります。

▶ 個と地域を支える支援調整会議と支援会議の重要性

　個と地域に寄り添った相談支援を行ううえで、行政や関係機関、地域との情報共有や協議が大切となります。この制度では二つの会議体を活用します。
　一つは**支援調整会議**です。これは自立相談支援事業において支援プランの適切性など関係機関を含めて協議し、具体的な支援や地域づくりにつなげていく会議です。
　もう一つは**支援会議**です。これは関係機関がそれぞれで把握している生活困窮やそれが疑われるケースの情報共有や支援体制の検討などを行います。これにより未然に対策を講じたり、制度の狭間で支援につながれないことを防止したり、早期発見などにつなげることができます。

生活困窮者自立支援制度の活用方法 図

相談支援の流れ

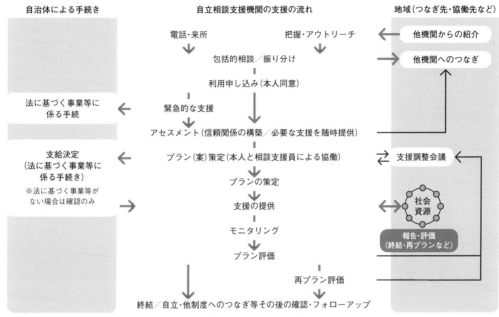

資料：厚生労働省「自立相談支援事業の手引き 相談支援プロセスの概要」（2015年）

生活困窮者自立支援制度における支援会議

資料：社会保障審議会生活困窮者自立支援及び生活保護部会「生活困窮者自立支援制度及び生活保護制度の見直しに関する最終報告書参考資料集」（令和5年12月27日）をもとに作成

09 制度の活用：相談支援の流れ

第３章 参考文献

- 自立相談支援事業従事者養成研修テキスト編集委員会『生活困窮者自立支援法 自立相談支援事業従事者研修テキスト』中央法規、2022年
- 奥田知志・原田正樹編『伴走型支援 新しい支援と社会のカタチ』有斐閣、2021年
- 社会保障審議会生活困窮者自立支援及び生活保護部会「生活困窮者自立支援制度及び生活保護制度の見直しに関する最終報告書 参考資料集」（令和５年12月27日）
- シプラーK．デイヴィッド著、森岡孝二訳『ワーキングプア アメリカの下層社会』岩波書店、2007年
- 厚生労働省社会・援護局地域福祉課生活困窮者自立支援室「生活困窮者自立支援法について」
- 社会保障審議会生活困窮者自立支援及び生活保護部会「居住支援のあり方について」（令和４年10月31日）
- 厚生労働省「令和６年生活困窮者自立支援法等改正への対応ガイド」（令和６年６月26日）
- 松岡亮二著『教育格差 一階層・地域・学歴』筑摩書房、2019年
- 厚生労働省社会・援護局地域福祉課生活困窮者自立支援室「厚生労働省における居住支援〜主に生活困窮者自立支援の立場から〜」（令和６年９月19日）

第 4 章

生活福祉資金
貸付制度

01 生活福祉資金貸付制度とは？

生活福祉資金貸付制度の概要

　生活福祉資金貸付制度（1990（平成2）年）は、厚生労働省の通知「生活福祉資金貸付制度要綱」に基づく**無利子・低利子の公的貸付制度**です。この制度は、社会福祉法第二条に規定されている第一種社会福祉事業の「生計困難者に対して無利子又は低利で資金を融通する事業」として位置付けられており、財源はすべて公費で賄われています。実施主体は都道府県社会福祉協議会ですが、貸付業務の一部を市区町村の社会福祉協議会等に委託することが認められています。

　前身である**世帯更生資金貸付制度**（1955（昭和30）年）の創設当初は、低所得層が貧困層に陥ることを予防することを主眼としており、生業資金の貸付けが中心でした。しかしながら、その後、低所得層のニーズの多様化にあわせて貸付の種類も多彩なものへと整備されてきました。また、その時々の社会問題（大災害時の被災世帯、カネミ油症患者世帯、新型コロナウイルス感染症の影響を受けた世帯等）に対応しており、低所得層に対する包括的な制度として機能してきました。

制度の目的と貸付の対象

　生活福祉資金貸付制度の目的は、低所得者・障害者・高齢者に対し**資金の貸付けと必要な相談支援を行うことで、その経済的自立・生活意欲の助長促進ならびに在宅福祉・社会参加の促進を図り、安定した生活を送れるようにすること**と規定されています。

　その貸付対象は、世帯単位で設定されています。具体的には、①資金貸付けと必要な支援により独立自活ができると考えられる「**低所得世帯**」、②所定の障害者の属する「**障害者世帯**」、③65歳以上の高齢者が属する「**高齢者世帯**」となっています。

生活福祉資金貸付制度のしくみ 図

生活福祉資金貸付制度の概要

根拠法令（社会福祉法第2条第2項第7号）

授産施設を経営する事業及び**生計困難者**に対して無利子又は低利で資金を融通する事業

実施要綱

「生活福祉資金の貸付けについて（別紙）**生活福祉資金貸付制度要綱**」
（平成21年7月28日厚生労働省発社援0728第9号厚生労働事務次官通知）

目的

低所得者、障害者又は高齢者に対し、資金の貸付けと必要な相談支援を行うことにより、その経済的自立及び生活意欲の助長促進並びに在宅福祉及び社会参加の促進を図り、安定した生活を送れるようにすることを目的とする

実施主体

1　生活福祉資金の貸付けは、社会福祉法第110条第1項に規定する都道府県社会福祉協議会が行うものとする。
2　都道府県社協は、資金の貸付業務の一部を当該都道府県の区域内にある社会福祉法第109条第1項に規定する市町村社会福祉協議会に委託することができる。

生活福祉資金貸付制度の貸付対象

低所得世帯

資金の貸付けにあわせて必要な支援を受けることにより独立自活できると認められる世帯であって、独立自活に必要な資金の融通を他から受けることが困難であると認められるもの

障害者世帯

次に掲げる身体障害者、知的障害者又は精神障害者の属する世帯
ア　身体障害者手帳の交付を受けた者
イ　療育手帳の交付を受けている者
ウ　精神障害者保健福祉手帳の交付を受けている者

高齢者世帯

65歳以上の高齢者の属する世帯

01　生活福祉資金貸付制度とは？

02 貸付資金の種類と貸付条件

▶ 貸付資金の種類

　2009（平成21）年に①低所得世帯を対象とした**総合支援資金**（生活支援費、住宅入居費、一時生活再建費）、②低所得世帯・障害者世帯・高齢者世帯を対象とした**福祉資金**（福祉費、緊急小口資金）、③低所得世帯を対象とした**教育支援資金**（教育支援費、就学支度費）、④高齢者世帯を対象とした**不動産担保型生活資金**（不動産担保型生活資金、要保護世帯向け不動産担保型生活資金）の４類型に統合・再編されました。

▶ 貸付の条件

　それぞれの資金について、①貸付金額の上限額、②償還が開始されるまでの据え置き期間、③借受人が元利金を償還し終えなければならない償還期限が設定されています。なお、設定されている償還期限までに償還がなされなかった場合、延滞元金につき延滞利子（年3.0％）が徴収されることになります。
　また、貸付条件には、①貸付金の利率（無利子、低利子）、②連帯保証人の有無に関わるものがあります。例えば、総合支援資金と福祉資金（福祉費）では、連帯保証人ありの場合に無利子に、連帯保証人なしの場合には有利子（年1.5％）になります。他方で、福祉資金（緊急小口資金）と教育支援資金では、連帯保証人は不要で無利子です。ただし、教育支援資金では生計中心者が連帯借受人になることが求められています。
　なお、貸付元利金の償還に関しては、①「災害その他やむを得ない事由」等により償還が著しく難しくなったと認められる場合の猶予、②「死亡その他やむを得ない事由」によって貸付元利金の償還ができなくなったものと認められる場合の免除（全部または一部）がなされることがあります。

貸付資金の種類　図

総合支援資金

生活支援費
生活再建までの間に必要な生活費用

住宅入居費
敷金、礼金等住宅の賃貸契約を結ぶために必要な費用

一時生活再建費
・生活を再建するために一時的に必要かつ日常生活費で賄うことが困難である費用
・就職・転職を前提とした技能習得に要する経費
・滞納している公共料金等の立て替え費用
・債務整理をするために必要な経費　等

教育支援資金

教育支援費
低所得世帯に属する者が高等学校、大学又は高等専門学校に修学するために必要な経費

就学支度費
低所得世帯に属する者が高等学校、大学又は高等専門学校への入学に際し必要な経費

福祉資金

福祉費
・生業を営むために必要な経費
・技能習得に必要な経費及びその期間中の生計を維持するために必要な経費
・住宅の増改築、補修等及び公営住宅の譲り受けに必要な経費
・福祉用具等の購入に必要な経費
・障害者用の自動車の購入に必要な経費
・中国残留邦人等に係る国民年金保険料の追納に必要な経費
・負傷又は疾病の療養に必要な経費及びその療養期間中の生計を維持するために必要な経費
・介護サービス、障害者サービス等を受けるのに必要な経費及びその期間中の生計を維持するために必要な経費
・災害を受けたことにより臨時に必要となる経費
・冠婚葬祭に必要な経費
・住居の移転等、給排水設備等の設置に必要な経費
・就職、技能習得等の支度に必要な経費
・その他日常生活上一時的に必要な経費

緊急小口資金
緊急かつ一時的に生計の維持が困難となった場合に貸し付ける少額の費用

不動産担保型生活資金

不動産担保型生活資金
低所得の高齢者世帯に対し、一定の居住用不動産を担保として生活資金を貸し付ける資金

要保護世帯向け不動産担保型生活資金
要保護の高齢者世帯に対し、一定の居住用不動産を担保として生活資金を貸し付ける資金

02　貸付資金の種類と貸付条件

03 制度の活用：貸付手続き（借入申し込み）の流れ

借入申込の流れ

　借入相談・申請の手続きは、**市区町村社会福祉協議会（以下、市区町村社協）で行います**。はじめに、市区町村社協を窓口として借入希望者からの相談・借入申込書等の提出が行われ、必要に応じた支援・確認作業が行われます（右図①②）。なお、福祉資金（福祉費）と教育支援資金の借入を希望する場合には、民生委員への相談、民生委員調査書の記入・提出が必要となります。そのうえで、市区町村社協から**都道府県社会福祉協議会**（以下、都道府県社協）に借入申込書等が送付され、都道府県社協において必要に応じて貸付審査等運営委員会の意見を聴取し貸付の審査・決定が行われます（③④）。その後、都道府県社協から借入申込者に対して貸付決定通知書または不承認通知書が送付されます（⑤）。貸し付けが決定された場合には、借入申込者から借用書の提出がなされ貸付金が交付されます（⑥⑦）。

生活困窮者自立支援制度との連携

　なお、**生活困窮者自立支援制度**が施行された2015（平成27）年以降、当該制度との連携強化が図られることになりました。**とりわけ包括的な支援が必要と考えられる総合支援資金と緊急小口資金の借入希望者には、原則として生活困窮者自立支援制度（自立相談支援事業）の利用が貸付要件として求められる**ことになりました。

　これに伴い、総合支援資金または緊急小口資金の借入希望者が最初に市区町村社協に相談をした場合には、必要な支援（借入希望の聴取等）を行った後、自立相談支援機関につなぐことになります。先に自立相談支援機関等への相談・利用申請がなされた場合、必要に応じて生活福祉資金貸付制度へのつなぎが行われ包括的な支援が図られます。

借入相談・申請の手続きの流れ 図

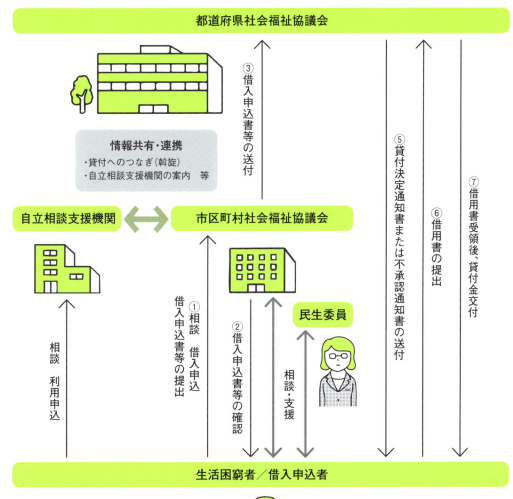

03 制度の活用：貸付手続き（借入申し込み）の流れ

第4章参考文献

- 厚生労働省『令和5年版　厚生労働白書』2023年
- 生活福祉資金貸付制度研究会『令和5年度版　生活福祉資金の手引』全国社会福祉協議会、2023年
- 「生活福祉資金の貸付けについて」（平成21年7月28日厚生労働省発社援0728第9号）

第 5 章

貧困状態にある人への
さまざまな支援施策

01 無料低額宿泊所

▶ 無料低額宿泊所とは

無料低額宿泊所は社会福祉法第2条第3項第8号「生計困難者のために、無料又は低額な料金で簡易住宅を貸し付け、又は宿泊所その他施設を利用させる事業」に基づいて設置される**第二種社会福祉事業**の施設です。同法第68条の2に基づいて、事業開始前に都道府県知事まで届け出が必要となっています。

▶ 貧困ビジネス問題

無料低額宿泊所はいわゆる**貧困ビジネス問題**の温床となっていることが指摘されています。貧困ビジネスとは「貧困層をターゲットにしていて、かつ貧困からの脱却に資することなく、貧困を固定化するビジネス」だとされます（湯浅誠2008）。無料低額宿泊所には多くの生活保護受給者が入所しています。こうした入所者は生活保護費から家賃や食費等を支出しますが、貧困ビジネスとされる施設では、不透明な費目で多額の経費が徴収され本人の手元に資金が残らず、劣悪な生活環境の中に置かれています。

貧困ビジネス問題の背景には、悪質な業者が存在することが理由としてあげられますが、一方で、福祉事務所側がケースワーカーの業務負担や財政負担の軽減のためにこうした施設を利用している構造的な面も指摘できます。福祉事務所の体制強化を含めて、ビジネスとして成立することが不可能にする取り組みが欠かせないでしょう。

なお、2018（平成30）年6月に成立した改正社会福祉法の規定に基づいて、無料低額宿泊所の設備・運営に関する基準について法定の最低基準が制定され、規制の強化が図られました。また単独で居住困難な者への日常生活支援を実施する施設の水準を担保するしくみを導入されました（日常生活支援居住施設。ともに2020（令和2）年4月施行）。

無料低額宿泊所　図

無料低額宿泊所の実施状況

設置数
608施設

入居者
16,397人
（うち生活保護受給者数は15,183人）

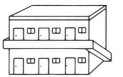

運営主体

NPO法人	67.9%
ほか、営利法人、社会福祉法人等が設置	

年齢層

40〜65歳未満	45.7%
65〜75歳未満	32.5%

相談支援・日常生活支援

通院同行など受診支援	90.8%
相談支援	90.6%
食事の提供	85.9%
服薬に関する支援	75.0%
金銭管理	68.3%

支援の内容は、
①宿所の提供のみ　②宿所と食事を提供
③宿所と食事に加え、入所者への相談支援や日常生活支援のサービスを提供の3つに分けられます

資料：厚生労働省「無料低額宿泊事業を行う施設の状況に関する調査結果について（令和2年調査）」2022年

無料低額宿泊事業の最低基準について

主な事業実施パターン

1 住居・居室のみ提供している場合
（利用者から居室使用料を受領）

2 住居の提供とあわせて食事の提供等を行っている場合
（利用者から居室使用料＋食事の提供等に要する費用を受領）

3 住居の提供、食事の提供等を行っているほか、入居者の状況把握及び相談支援、その他入居者の課題に応じた生活支援を行っている場合
（利用者から居室使用料＋食事の提供等に要する費用＋生活支援に要する費用を受領）

③の場合、日常生活支援の委託（委託費の交付）を受ける条件として、上乗せで求める基準は、別途、省令で規定する「日常生活支援住居施設の認定要件」の中で整理する。

①〜③ともに、無料低額宿泊事業として最低限守らなければならない内容については、最低基準として規定
※提供されるサービスの内容によって該当する項目等を書き分ける

02 無料低額診療事業

▶ 無料低額診療事業とは

　日本においては国民皆保険によって、すべての国民が医療にかかることができるようになっています。しかし、実際は経済的な困窮により必要な医療にかかることが出来ない人がいます。そうした人の医療を受ける権利が制限されることのないように、**無料低額診療事業が設定**されています。

　無料低額診療事業は社会福祉法に基づいた**第二種社会福祉事業**であり、無料または低額な料金で診療を行う事業となっています。対象者は低所得者、要保護者、ホームレス、DV 被害者、人身取引被害者等の生計困難者となっています。

　制度の利用方法については、実施している病院や診療所に申し出ることで始まります（相談）。また制度適用の有無にかかわらず、必要な治療は開始されます。そして担当者が事情を聞き取りし、必要書類の提出を行います（申請）。制度の適用可否について結果が知らされます（決定）。**制度の適用とならない場合でも、生活改善に向けて治療費の支払い等の解決について相談を行うことがあります。**

▶ 2022（令和4）年度の事業実施状況

　施設数が738施設（前年度より5施設増）、患者数が693万9817人（前年度より9万7113人増）となっています。法人類型としては消費生活協同組合が最多で、ついで社会福祉法人、公益社団・財団法人、医療法人・社会医療法人などとなっています。

　診療事業の取り組みの内訳としては、福祉施設の経営・密接な連携が最多で、ついで夜間・休日診療、特殊疾患患者の入院体制の整備、介護体制の整備、必要費用の負担、特別養護老人ホーム等職員に対する研修などが行われています。

無料低額診療事業　図

無料低額診療事業の受診手続

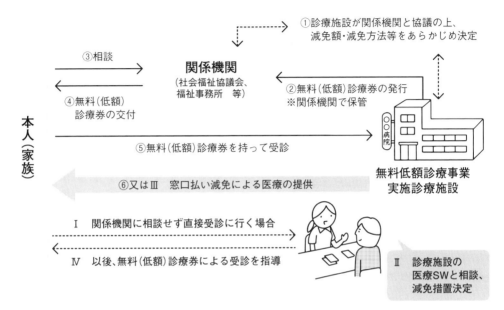

① 診療施設が関係機関と協議の上、減免額・減免方法等をあらかじめ決定
② 無料（低額）診療券の発行　※関係機関で保管
③ 相談
④ 無料（低額）診療券の交付
⑤ 無料（低額）診療券を持って受診
⑥ 又はⅢ　窓口払い減免による医療の提供

Ⅰ　関係機関に相談せず直接受診に行く場合
Ⅱ　診療施設の医療SWと相談、減免措置決定
Ⅳ　以後、無料（低額）診療券による受診を指導

無料低額診療事業の実施状況（令和4年度）

施設数
738か所
（前年度より5か所増）

法人類型
消費生活協同組合	213か所
社会福祉法人	195か所
公益社団・財団法人	153か所
医療法人・社会医療法人	136か所
一般社団・財団法人	31か所
その他	10か所

診療施設の内訳
病院	370か所
診療所	368か所

患者数
693万9817人
（前年度より9万7113人増）

取り組みの内訳

選択事業の実施施設数
福祉施設の経営・密接な連携	540か所
夜間・休日診療	478か所
特殊疾患患者の入院体制の整備	234か所
介護体制の整備・必要費用の負担	199か所
特別養護老人ホーム等職員に対する研修	155か所
離島・へき地、無医地等への診療班の派遣	47か所

資料：厚生労働省「無料低額診療事業等の実施状況の概要（令和4年度実績）」（2022年）

03 求職者支援制度

▶ 生活困窮者に対する就労支援

求職者支援制度は、いわゆる**第2のセーフティネット**に位置づけられる施策の一つで、職業訓練の実施等による特定求職者の就職の支援に関する法律（求職者支援法、2011（平成23）年施行）に基づいて実施されています。

第2のセーフティネットとは、社会保険制度・労働保険制度（第1のセーフティネット）と生活保護制度（最後のセーフティネット）の間に位置し、生活困窮者が生活保護受給に至る前に生活の再建を図ることを意図した制度群を指します。

▶ 求職者支援制度

具体的な支援内容は、①無料の職業訓練の受講、②訓練期間中の生活を支援するため、一定の要件を満たした者に月10万円の給付金、③ハローワークによる訓練開始前からの就職サポート、となっています。

給付金を受けて訓練を受講できるのは、①雇用保険の適用がなかった離職者、②フリーランス・自営業を廃業した者、③雇用保険の受給が終了した者、④一定額以下の収入のパートタイマーで正社員への転職を目指す者、となっています。

また、訓練を受講できる要件は、①ハローワークに求職の申込みをしていること、②雇用保険被保険者や雇用保険受給資格者でないこと、③労働の意思と能力があること、④職業訓練などの支援を行う必要があるとハローワークが認めたこと、となっています。

そして、給付金対象者の要件は、①本人収入が月8万円以下、②世帯全体の収入が月30万円以下、③世帯全体の金融資産が300万円以下、④現在住んでいるところ以外に土地・建物を所有していない、⑤訓練実施日全てに出席すること、となっています。

求職者支援制度 　図

求職者支援制度の概要

月10万円給付金
訓練期間中の生活を支援するため、収入や資産などの要件を満たした人は、給付金を受給しながら訓練を受講できます

＋

無料の職業訓練
給付金の支給要件を満たさない場合も、無料の職業訓練を受講できます
（テキスト代などは自己負担）

＋

就職サポート
訓練開始前から、訓練期間中、訓練終了後まで、ハローワークが求職活動をサポートします

求職者支援制度を利用できる人

	給付金を受けて訓練を受講する人	給付金を受けずに訓練を受講する人（無料の訓練のみ受講する人）
離職者	・雇用保険の適用がなかった離職者の人 ・フリーランス・自営業を廃業した人 ・雇用保険の受給が終了した人　など	・親や配偶者と同居していて一定の世帯収入がある人など（親と同居している学卒未就職の人など）
在職者	・一定額以下の収入のパートタイムで働きながら、正社員への転職を目指す人　など	・働いていて一定の収入のある人など（フリーランスで働きながら、正社員への転職を目指す人など）

資料：厚生労働省「求職者支援制度のご案内」を一部改変

03　求職者支援制度

04 公営住宅制度

日本の住宅政策

　戦後の日本の住宅政策は、私有財としての住宅取得や保有を促進する性格の政策が中心となっており、生活の基礎として住環境や居住水準の保障を図る性格の政策については十分に整備されていない状況にあります。例えば**公営住宅制度**は後者の政策の代表的なものといえます。

　公営住宅制度は公営住宅法に基づいて、住宅に困窮する低所得の人に低廉な家賃で住居を提供する制度です。公営住宅の状況は、2016（平成28）年度時点で全国の公営住宅の管理戸数は約216万戸となっています。そのほかの公的な住宅ではUR賃貸住宅が74万戸などとなっています。公営住宅の管理戸数は微減傾向にあり、また3大都市圏に全国の半数以上が集中しています。

　そのような状況下で、日本の持ち家率は61.2％、住宅戸数は6240万戸と過去最高を記録しています。その一方で空き家率も13.6％（849万戸）と過去最高となっています（ともに2018（平成30）年）。

住宅セーフティネット法

　2007（平成19）年に住宅確保に配慮が必要な人が適切な住宅を得られるように配慮を求める住宅確保要配慮者に対する賃貸住宅の供給の促進に関する法律（**住宅セーフティネット法**）が成立しました。住宅確保要配慮者の増加が見込まれる一方で、公営住宅については大幅な増加が見込めないことから、2017（平成29）年には増加している空き家等を活用して住宅セーフティネット制度の機能を強化する改正がされました。

日本の住宅政策　図

公営住宅等の現状

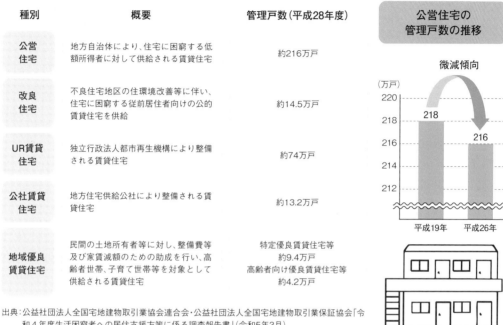

出典：公益社団法人全国宅地建物取引業協会連合会・公益社団法人全国宅地建物取引業保証協会「令和4年度生活困窮者への居住支援方策に係る調査報告書」（令和5年3月）

住宅セーフティネット制度の概要

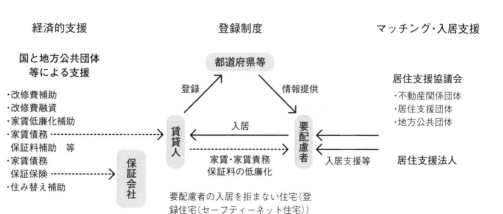

05 ホームレス対策

日本における「ホーム」レス

　日本において**ホームレス**と呼称されるのはホームレスの自立の支援等に関する特別措置法（**ホームレス自立支援法**）で「都市公園、河川、道路、駅舎その他の施設を故なく起居の場所とし、日常生活を営んでいる者」と定められています。これは「ホーム」レスと称しつつも、実態としては屋根なしの居所にて生活している者のみを指しています（**ルーフレス**）。諸外国におけるホームレス状態が安定的な居住を欠いている状態を示していることと比較すると、日本におけるホームレスの定義は限定的なものとなっています。

ホームレス対策

　全国のホームレス数はホームレスの実態に関する全国調査において調査されています。この調査にはおおよそ５年に一度実施される生活実態調査と、毎年１回実施される概数調査があります。2024（令和６）年１月実施の概数調査ではホームレス数は2,820人と、２万5296人を記録した2003（平成15）年から八分の一以下になっています。しかしこれは、調査時点で路上に確認できなかったことを意味するだけで、ホームレス問題が終息していることを表してはいません。厚生労働省や東京都が実施した調査結果からは、==ネットカフェなどの不安定住居と路上との間で行き来がされていることが示唆されています。==

　ホームレスの自立支援策についてはホームレス自立支援法や「ホームレスの自立の支援等に関する基本方針」にその方向性が示されています。ホームレスの就労状況、心身の状況、社会的孤立の程度に応じて、自分の意思で就労機会、安定的な住居の維持や地域生活で自立した社会生活を送ることが出来るように支援することとされています。

ホームレス対策　図

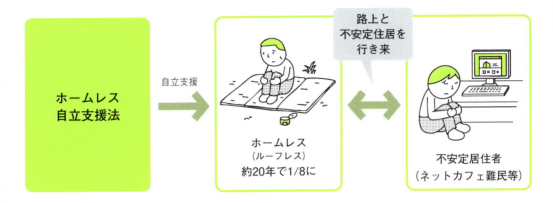

日本のホームレス対策

ホームレス自立支援法 → 自立支援 → ホームレス（ルーフレス）約20年で1/8に ⇔ 路上と不安定住居を行き来 ⇔ 不安定居住者（ネットカフェ難民等）

ホームレス数の推移

この数に、不安定居住者（ネットカフェ難民等）の数は、含まれていません。また、昼間に確認された数は減っていますが、夜間は昼間より多く確認されている現状もあります。

2003: 25296
2024: 2820

資料：厚生労働省「ホームレスの実態に関する全国調査各年版」をもとに作成

06 子どもの貧困対策

▶ 子どもの貧困対策

　日本において子どもの貧困率は2021（令和3）年で11.5％となっており（同年の相対的貧困率は15.4％）、子どもの貧困解消が重要な政策となっています。**子どもの貧困は生まれ育った家庭の経済的要因や家庭の事情により、十分な教育を受けられず、子どもも低学歴・低収入となってしまう貧困の世代間連鎖を伴って現れます。**

　子どもの貧困への対策はこれまで十分に行われてきませんでした。これは子どもの貧困が家庭内の問題とみなされ、社会的な対応への合意が出来ていなかったことも影響しています。しかし、問題の深刻化を受けて、2023（令和5）年に日本でもこども家庭庁が発足し、本格的な対策が端緒についたところです。

　子どもの貧困対策の方針は**こどもの貧困の解消に向けた対策の推進に関する法律**（2013（平成25）年）やこども基本法（2022（令和4）年）に示されています。

▶ 子どもの貧困対策に関する大綱

　こどもの貧困の解消に向けた対策の推進に関する法律では、第3条第2項で「こどもの貧困の解消に向けた対策は、貧困により、こどもがその権利利益を害され及び社会から孤立することが深刻な問題であることを踏まえ、こどもの現在の貧困を解消するとともにこどもの将来の貧困を防ぐことを旨として、推進されなければならない」としています。具体的な施策としては、**子供の貧困対策に関する大綱**（2019（令和元）年）の中で、生活保護世帯に属する子供の高等学校等進学率、就学援助制度に関する周知状況、子供の貧困率など39の指標を設定しています。対象者には**教育の支援、生活の安定に資するための支援、保護者に対する就労の支援、経済的支援**などが行われています。

子どもの貧困対策 図

貧困率の推移

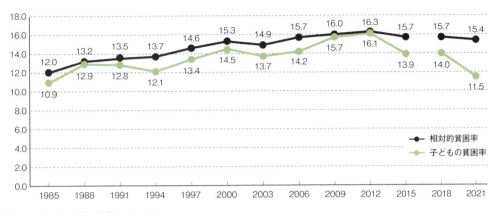

注：2018年より算出方法が変更されている
資料：厚生労働省「国民生活基礎調査各年版」をもとに作成

子供の貧困対策に関する大綱（2019年）の概要

目的・理念
- 現在から将来にわたって、全ての子供たちが前向きな気持ちで夢や希望を持つことのできる社会の構築を目指す。
- 子育てや貧困を家庭のみの責任とするのではなく、地域や社会全体で課題を解決するという意識を強く持ち、子供のことを第一に考えた適切な支援を包括的かつ早期に講じる。

基本的な方針
- 親の妊娠・出産期から子供の社会的自立までの切れ目ない支援
- 支援が届いていない、又は届きにくい子供・家庭への配慮
- 地方公共団体による取組の充実

指標
- 生活保護世帯に属する子供の高校・大学等進学率
- 食料又は衣服が買えない経験
- 子供の貧困率
- ひとり親世帯の貧困率

　　　　　　　　　など、39の指標

指標の改善に向けた重点施策

教育の支援
- 幼児教育・保育の無償化の推進及び質の向上
- 教育費負担の軽減

　　　　　　　　　など

生活の安定に資するための支援
- 保護者の生活支援
- 住宅に関する支援

　　　　　　　　　など

保護者に対する職業生活の安定等
- ひとり親に対する就労支援
- ふたり親世帯を含む困窮世帯等への就労支援

　　　　　　　　　など

経済的支援
- 児童手当・児童扶養手当制度の着実な実施
- 養育費の確保の推進

　　　　　　　　　など

06　子どもの貧困対策

第5章参考文献

- 厚生労働省「平成25年10月版第二のセーフティネット支援ガイド」
- 厚生労働省「無料低額診療事業等の実施状況の概要（令和4年度実績）」
- 厚生労働省社会・援護局「無料低額診療事業について」（2008年）
- 厚生労働省職業安定局『住居喪失不安定就労者等の実態に関する調査報告書』（2007年）
- 東京都福祉保健局『住居喪失不安定就労者等の実態に関する調査報告書』（2018年）
- 湯浅誠「貧困ビジネスとは何か」『世界』2008年10月号、岩波書店
- 全国宅地建物取引業協会連合会「生活困窮者への居住支援方策に係る調査報告書」（2023年）

第 6 章

貧困状態にある人の生活を支える関係機関

01 国の役割

- 貧困状態にある人の生活を支えることの最終責任は国

　日本国憲法第25条「すべて国民は、健康で文化的な最低限度の生活を営む権利を有する」としており、生存権規定と呼ばれています。これを具現化するのが生活保護法です。その生活保護法の第1条では、この法律が「国が生活に困窮するすべての国民に対し、その困窮の程度に応じ、必要な保護を行い、その**最低限度の生活を保障**するとともに、その**自立を助長**することを目的とする」としています。ここに「国家責任の原理」が明記されており、最低限度の生活の保障と自立の助長の最終的な責任は国にあるといえます。

- 生存権保障の責任を果たすための国の役割

　この責任を果たすための**国の実務を主管する**のは**厚生労働省**です。生活保護は、生活保護法のみならず、いくつもの通知・通達などによっても運用されており、厚生労働省は、生活保護法施行令や生活保護法施行規則、保護の基準、保護の実施要領、医療扶助運営要領、介護扶助運営要領などを発出しています。このような法令・通知等に基づき、国は、保護の基準を定めるほか、生活保護行政が適正に運営されるよう、企画、連絡、調査や指導監督などを行っています。

　厚生労働省は貧困状態にある人々の生活を支える制度として、**生活保護のほか、生活困窮者自立支援やホームレス支援などの業務も担って**います。生活保護に関する事務は厚生労働省の社会・援護局保護課が、低所得世帯等に対する社会福祉業務は社会・援護局地域福祉課が担っています。また、ホームレス支援は、厚生労働省と国土交通省が、子どもの貧困対策はこども家庭庁、厚生労働省、内閣府、文部科学省が協働して取り組んでいます。

生活保護制度における国の役割　図

生活保護制度における国と地方の役割分担

国（厚生労働省）

・制度の枠組みの制定
・全国的な基準の設定
・地方自治体の生活保護施策に対する財政的支援
・地方自治体の生活保護施策に対する指導監督

・生活保護受給者に対する自立支援施策の実施
　　　　　　　　　　　　　　　　　　など

・助言・指示
・事務の監査
・基準の設定
（通知・要領等）

→

生活保護の実施機関

都道府県　　市

資料：関西広域連合ホームページ「生活保護制度における国と地方の役割分担の現状」
https://www.kouiki-kansai.jp/material/files/group/3/1378455440.pdfをもとに筆者が作成

生活保護制度における国の役割とその具体例

主な役割	例
生活保護制度に関する基本的な枠組みの設定	・生活保護法等による生活保護制度の設定 ・保護の種類、支給内容の設定
全国的な基準の設定	・生活保護の基準や必要性を判断する処理基準等の設定 ※全国一律の基準を国が設定（各地域の生活水準を反映させるため級地制度の設定あり） ・福祉事務所の所員定数の標準数の設定
地方公共団体が実施する生活保護施策に対する財政的支援	・生活保護費に係る経費【国庫負担3/4】 ・都道府県が保護施設に対して行う補助に係る経費【国庫補助2/3以内】 ※地方負担分について、地方交付税で別途措置あり
都道府県及び市町村の事務に係る監査	・都道府県及び市町村の行う生活保護法に関する事務についての監査
改善命令、助言・勧告、是正の指示、代執行等	・都道府県に対する保護施設の運営等に係る改善命令 ・都道府県及び市町村に対する助言・勧告、資料の提出の要求、是正の指示、代執行 ※市町村に対する代執行は県への指示を介して実施
生活保護受給者に対する自立支援施策の実施	・ハローワークによる就労支援等 ・地方自治体の自立支援プログラム等の実施に係る補助（ハローワーク連携事業等）

資料：関西広域連合ホームページ「我が国の生活保護制度（国・都道府県・市町村の役割分担）一覧」
https://www.kouiki-kansai.jp/material/files/group/3/1378455440.pdfをもとに筆者が作成

02 都道府県、市町村の役割

都道府県の役割

都道府県は、生活保護法の運営にあたり、国の法定受託事務として、保護の決定・実施、その他保護に関する事務を管理・執行する権限を有しています。都道府県は知事（市長）の権限に関する事務を手分けして受け持つ部局について条例によって定めています。生活保護法の運営における都道府県等の主な役割は、生活保護法の実施や生活保護受給者に対する自立支援施策の実施のほかに、保護施設の設置の認可、医療機関の指定等、市町村の事務に係る監査や市町村に対する改善命令、助言・勧告、是正の指示、代執行等があげられます。

また、生活困窮者自立支援法にかかわる都道府県の役割には、市（特別区を含む）や福祉事務所を設置する町村（以下、市等）に対する助言・情報提供や、市等の職員の資質向上のための研修事業、生活困窮者就労訓練事業の認定などがあります。

なお、これらの中には、大都市等の特例として指定都市または中核市が担う事務もあります。

市町村（特別区を含む）の役割

市等は、国の法定受託事務として保護の決定・実施、その他保護に関する事務を管理・執行、生活保護受給者に対する自立支援施策の実施を行う役割を担っています。また、国や都道府県から生活保護法による事務監査、技術的助言・勧告・是正の指示を受けます。

福祉事務所を設置していない町村の場合は、その町村長は、生活保護の決定・実施にあたり、急迫保護における応急的措置、要保護者の発見・通報等を行うこととなっています。

都道府県・市町村の役割と費用負担　図

生活保護制度における都道府県・市町村の役割

	主な役割	例
都道府県の役割	保護施設の設置の認可、医療機関の指定等	・保護施設の設備及び運営の基準に係る条例の策定 ・保護施設の設置の認可、指導、立入検査、改善命令等 ・医療扶助に係る医療機関および介護扶助に係る介護機関の指定、指導等
	市町村の事務に係る監査	・市町村の行う生活保護法に関する事務についての監査
	改善命令、助言・勧告、是正の指示、代執行等	・市町村に対する保護施設の運営等に係る改善命令 ・市町村に対する助言・勧告、資料の提出の要求、是正の指示、代執行

	主な役割	例
都道府県（福祉事務所を設置していない町村区域を管轄）および市等の役割	生活保護施策の実施	・福祉事務所の設置、生活保護の決定、施策の実施 ・福祉事務所の所員の定数の条例の策定
	生活保護受給者に対する自立支援施策の実施	・自立支援プログラムの策定・実施 ・国の補助プログラムに基づいた支援事業（福祉事務所・ハローワーク連携事業等） ・地方自治体独自の支援事業（相談事業、職業紹介、職業訓練等）

資料：関西広域連合ホームページ「我が国の生活保護制度（国・都道府県・市町村の役割分担）一覧」
https://www.kouiki-kansai.jp/material/files/group/3/1378455440.pdfをもとに筆者が作成

生活保護制度の費用負担区分

経費	居住地区分	国	都道府県または指定都市・中核市	市町村または事業者
保護費（施設事務費および委託事務費を含む）	市または福祉事務所を設置している町村内居住者	$\frac{3}{4}$	—	$\frac{1}{4}$
	福祉事務所を設置していない町村内居住者	$\frac{3}{4}$	$\frac{1}{4}$	—
	指定都市・中核市内居住者	$\frac{3}{4}$	$\frac{1}{4}$	—
	居住地の明らかでない者	$\frac{3}{4}$	$\frac{1}{4}$	—
保護施設備費	社会福祉法人または日本赤十字社	$\frac{1}{2}$	$\frac{1}{4}$	$\frac{1}{4}$
就労自立給付金・進学準備給付金	福祉事務所の所管区域内に居住地を有する被保護者	$\frac{3}{4}$	$\frac{1}{4}$ または	$\frac{1}{4}$
被保護者就労支援事業	都道府県支弁費用	$\frac{3}{4}$	$\frac{1}{4}$	
	市町村支弁費用	$\frac{3}{4}$	—	$\frac{1}{4}$

出典：岡部卓「第1節　生活保護制度」一般社団法人日本ソーシャルワーク教育学校連盟編
『最新　社会福祉士養成講座4　貧困に対する支援』中央法規出版、P.99、2021年

02　都道府県、市町村の役割　117

03 福祉事務所の役割

▶ 福祉事務所は第一線の社会福祉行政機関

　福祉事務所は、社会福祉法第14条において**「福祉に関する事務所」**として規定されている行政機関です。一般的に福祉事務所と呼ぶことが多いです。都道府県及び市（特別区を含む）は条例で福祉事務所を設置しなければなりません。町村は任意で設置することができます。都道府県の福祉事務所は、福祉事務所を設置していない町村の業務を引き受けています。

　都道府県福祉事務所は、**三法**（生活保護法、児童福祉法、母子及び父子並びに寡婦福祉法）、**市（特別区含む）福祉事務所**は、**六法**（生活保護法、児童福祉法、老人福祉法、身体障害者福祉法、知的障害者福祉法、母子及び父子並びに寡婦福祉法）に関する事務や相談支援等を行います。まさに<u>住民にもっとも近い第一線の社会福祉行政機関</u>です。

▶ 福祉事務所の業務

　貧困状態にある人の生活を支えるための<u>福祉事務所の主な業務は、生活保護法に関する事務</u>です。生活保護の**申請を受理**し、それに対し必要な**調査**を行い、給付に関する**決定（開始・却下）**を行います。また、被保護世帯への各種扶助の給付と様々な**相談支援**を行います。これらの業務を行うに当たっては、福祉事務所内の各部門および庁舎内の各部署や地域の社会資源との連携が重要となります。生活保護法に関する事務のほかにも、上記で述べた他法律の事務や生活困窮者自立支援法に関連する事務も行います。

　福祉事務所の人員については、所長、指導監査を行う職員、現業を行う所員、事務を行う所員を置くことを社会福祉法で規定しています。

福祉事務所の役割 図

福祉事務所の所員と職務および資格

所員	職務	資格
所の長（所長）	都道府県知事又は市町村長（特別区の区長を含む。）の指揮監督を受けて、所務を掌理する。	―
指導監査を行う所員（査察指導員）	所の長の指揮監督を受けて、現業事務の指導監督を司る。	社会福祉主事
現業を行う所員（現業員）	所の長の指揮監督を受けて、援護、育成又は更生の措置を要する者等の家庭を訪問し、又は訪問しないで、これらの者に面接し、本人の資産、環境等を調査し、保護その他の措置の必要性の有無及びその種類を判断し、本人に対し生活指導を行う等の事務を司る。	社会福祉主事
事務を行う所員	所の長の指揮監督を受けて、所の庶務を司る。	―

このほか、老人福祉の業務に従事する社会福祉主事、身体障害者福祉司、知的障害者福祉司などが配置されている福祉事務所があります。

所員の定数

設置委主体の区分	現業員の標準定数	標準定数に追加すべき定数
都道府県	被保護世帯が390以下の場合　6	65を増すごとに　1
市（特別区）	被保護世帯が240以下の場合　3	80を増すごとに　1
町村	被保護世帯が160以下の場合　2	80を増すごとに　1

福祉事務所の所員の定数は、地域の実情にあわせて条例で定めることとされています。
ただし、現業を行う所員の数については、各福祉事務所の被保護世帯の数に応じて、表に掲げる数を標準として定めています。

04 自立相談支援機関の役割

▶ 自立相談支援機関とは

　自立相談支援機関とは、<u>生活に困窮する人々からの相談に応じ必要な情報の提供や助言を行い、認定就労訓練事業の利用のあっせん、プランの作成等の支援を包括的に行う</u>自立相談支援事業を実施する機関です。

　自立相談支援機関の運営は、**福祉事務所を設置している自治体**、またはそこから委託を受けた**社会福祉協議会や社会福祉法人、NPO法人**が行っています。福祉事務所を設置していない町村の自立相談支援事業については、都道府県が主体となって広域的に取組みますが、町村でも、都道府県との調整のもと一次的な相談を行うことができます。

　自立相談支援機関の人員・設備等については、法令上にその基準は設けられていませんが、主任相談支援員、相談支援員、就労支援員の配置と面談室等の相談支援を行うための適切な設備を求めています。

▶ 自立相談支援機関の役割

　具体的な業務としては、大きくは二つにまとめられます。まず一つ目は、**相談支援業務**です。生活に困窮するご本人や家族、その他の関係者からの相談に応じ、アセスメントを実施して個々人の状態にあった支援計画を作成し、必要なサービスの提供につなげます。<u>**断らない支援を行うワンストップ型の相談窓口としての役割**</u>を担っています。次に二つ目は**地域づくり関連業務**です。生活に困窮する人々へのチームによる支援が行えるよう、公的機関や、社会福祉法人、NPO法人、社会貢献の観点から事業を実施する民間企業、その他の様々な支援組織、近隣住民やボランティアなどのインフォーマルな資源をつなぎ、<u>地域にネットワークを築く役割</u>も担っています。

自立相談支援機関の役割　図

自立相談支援事業の実施か所

実施か所

全国1,387か所に設置
（福祉事務所設置自治体　907か所）

【運営方法】
- 福祉事務所設置自治体　251（27.7%）
- 委託　603（66.5%）
- 直営＋委託　53（5.8%）

【委託先】（n＝656　複数回答）
- 社会福祉法人（社協以外）　63（9.6%）
- 社会福祉協議会　504（76.8%）
- 医療法人　4（0.6%）
- 社団法人・財団法人　46（7.0%）
- 株式会社等　34（5.2%）
- NPO法人　64（9.8%）
- 生協等協同組合　7（1.1%）
- その他　52（7.9%）

資料：厚生労働省「生活困窮者自立支援法等に基づく各事業の令和4年度事業実績調査集計結果」（2023年）

自立相談支援機関による支援提供のイメージ

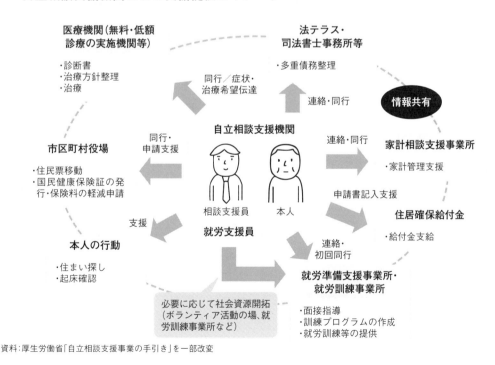

資料：厚生労働省「自立相談支援事業の手引き」を一部改変

05 社会福祉協議会の役割

▶ **社会福祉協議会は地域福祉の推進を図る民間組織**

　社会福祉協議会とは、全国すべての**市区町村**、**都道府県**、全国の段階で組織されています。地域住民、ボランティア・NPO、民生委員・児童委員、社会福祉法人・福祉施設等とともに、ボランティア活動や地域福祉活動を通じて、誰もが社会から孤立せず、いきいきと安心してその人らしく暮らせる地域社会の実現を目指し、さまざまな活動を行っている民間組織です。民間組織ですが**社会福祉法**に基づき設置されています。もっとも身近な地域で活動しているのが市区町村社会福祉協議会（市町村社協）です。個別の相談支援や住民を含めた地域の様々な社会資源のネットワーク構築などの行う地域づくりを行っています。

▶ **貧困状態にある人の生活に密接にかかわる社会福祉協議会**

　市町村社協は、各種福祉サービスや相談支援、ボランティアや市民活動の支援、共同募金運動への協力を行っています。特に貧困状態にある人々の生活にかかわる支援には、**生活福祉資金の貸付**や、**日常生活自立支援事業**などがあります。生活福祉資金の貸付は都道府県社協の事業で、総合支援資金と緊急小口資金の貸付については自立相談支援事業が、その他の貸付については市町村社協が窓口となっています。単なる金銭の貸付を行うのではなく相談支援を行い、その人が安心して生活を営むことができるようサポートしてくれます。日常生活自立支援事業は、認知症や知的障がい、精神障がいなどにより、判断能力が十分でない人々への生活支援や金銭・書類などの管理のサービスを行っています。同事業では対応しきれない状況になった場合には、**成年後見制度**につなぐなどして継続的な支援に取り組んでいます。

社会福祉協議会の役割 図

社会福祉協議会の役割

出典：社会福祉法人全国社会福祉協議会「地域福祉・ボランティア情報ネットワーク」より「社会福祉協議会（社協）とは」をもとに作成
https://www.zcwvc.net/about/about.html

社会福祉協議会の役割（日常生活自立支援事業の場合）

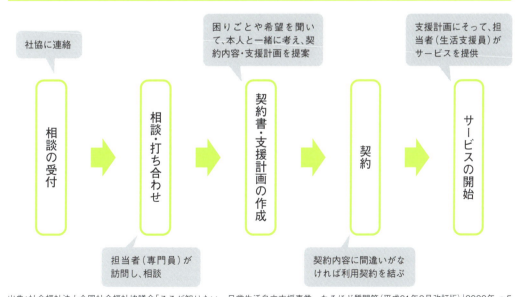

出典：社会福祉法人全国社会福祉協議会「ここが知りたい　日常生活自立支援事業　なるほど質問箱（平成21年3月改訂版）」2009年、p.5をもとに作成

06 地域包括支援センターの役割

▶ 地域包括支援センターは高齢者の総合相談の場

　地域包括支援センターは、住民の健康の保持および生活の安定のために必要な援助を行い、地域の住民を包括的に支援することを目的に、**介護保険法**を根拠法として設置されています。設置主体は市町村で、現在、地域包括支援センターはすべての市町村に設置されており、全国に5,431か所（ブランチ・サブセンターを含めると7,397か所）あります。地域包括支援センターの運営形態は、市町村直営が20％、委託型が80％となっています。

　地域包括支援センターには、**保健師**、**社会福祉士**、**主任介護支援専門員**等の専門職が配置され、**総合相談支援業務**、**権利擁護義務**、**介護予防ケアマネジメント**、**包括的・継続的ケアマネジメント**の四つの業務を担っており、高齢者等の地域での生活を支える中核的な機関です。

▶ 高齢者の総合相談を行うとともに、地域の生活課題全般にかかわる

　例えば、身寄りがなく、困窮した高齢の方がサービスの利用を必要とする場合には、金銭的な問題が生じます。そのような場合、地域包括支援センターの社会福祉士は、状況を判断しながら生活福祉資金貸付制度や生活保護の申請を勧めることがあります。また、ケアマネジャーから「認知症のある利用者の自宅に、ひきこもりで無職の息子さんがいらっしゃるようだ。息子さんの将来の生活も心配だ」といった相談がある場合もあります。その場合には地域包括支援センターから自立相談支援機関へつなぐことができます。

　社会福祉法では、地域の相談支援に関する事業者は地域生活の課題を把握し、関係機関につなげることを求めています。地域包括支援センターはその役割を担っているのです。

地域包括支援センターの役割　図

地域包括支援センターの役割と連携機関

地域包括支援センターは、市町村が設置主体となり、保健師・社会福祉士・主任介護支援専門員等を配置して、住民の健康の保持及び生活の安定のために必要な援助を行うことにより、地域の住民を包括的に支援することを目的とする施設。(介護保険法第115条の46第1項)

権利擁護業務
成年後見制度の活用促進、高齢者虐待への対応など

総合相談支援業務
住民の各種相談を幅広く受け付けて、制度横断的な支援を実施

多面的(制度横断的)支援の展開
行政機関、保健所、医療機関、児童相談所など必要なサービスにつなぐ
- 介護サービス
- ボランティア
- ヘルスサービス
- 成年後見制度
- 地域権利擁護
- 民生委員
- 医療サービス
- 虐待防止
- 介護相談員
- 障害サービス相談
- 生活困窮者自立支援相談
- 介護離職防止相談

包括的・継続的ケアマネジメント支援業務
- 「地域ケア会議」等を通じた自立支援型ケアマネジメントの支援
- ケアマネジャーへの日常的個別指導・相談
- 支援困難事例等への指導・助言

介護予防ケアマネジメント（第一号介護予防支援事業）
要支援・要介護状態になる可能性のある人に対する介護予防ケアプランの作成など

地域包括支援センターの設置数（令和5年4月末現在）

	計
センター数	5,431
通常型	5,150
基幹型	171
機能強化型	88
基幹型及び機能強化型	22

地域包括支援センター設置数	5,431か所
ブランチ設置数	1,628か所
サブセンター設置数	338か所
合計	7,397か所

基幹型：基幹的な役割を担い、センター間の総合調整や介護予防ケアマネジメント及び地域ケア会議等の後方支援などの機能を有するセンター
機能強化型：権利擁護業務や認知症支援等の機能を強化し、当該分野において他のセンターを支援するセンター

ブランチ：本体のセンターと連携のもと、地域住民の身近な所で相談を受付け、センターにつなぐための窓口
サブセンター：本体のセンターと一体的に包括的支援事業を実施する支所

資料：厚生労働省「地域包括支援センターについて」をもとに作成

07 ハローワークの役割

ハローワークとは公共職業安定所のこと

　ハローワークは、厚生労働省が設置する**公共職業安定所**のことです。職安と呼ばれることもあります。ハローワークは、憲法に定められた勤労権の保障のため、障がい者や生活保護受給者など民間の職業紹介事業等では就職へ結びつけることが難しい就職困難者や、人手不足の中小零細企業を中心に、国が無償で支援を行います。まさに雇用のセーフティネットの中心的役割を担っています。

　ハローワークは全国に544ヵ所あり、全国的なネットワークを構築しています。そのネットワークの活用や自治体との連携を図り、地域密着型の就職支援を行います。

貧困状態にある人々に対する支援におけるハローワークの役割

　ハローワークは、**職業紹介**、**雇用保険**（失業認定や失業等給付の支給など）、**雇用対策**（企業指導・支援）の３業務を一体的に実施する機関です。

　ハローワークは、貧困状態にある人々の就労支援においても重要な役割を果たしています。例えば、**生活保護受給者等就労自立促進事業**では、労働局・ハローワークと地方自治体との協定等に基づき、ハローワークと福祉事務所等のチーム支援を行う体制を作り、貧困状態にある人々や児童扶養手当受給者などの自立に向けて、地方自治体にハローワークの常設窓口を設置し、また福祉事務所とのケース会議や日常的な連携・情報共有を図りながらワンストップ型の就労支援を行います。

　ハローワークは地方自治体と連携しながら、働く希望を持つ若者・女性・高齢者・障がい者・生活保護受給者や生活困窮者など、それぞれが置かれた状況に応じて就労支援を行う機関といえます。

ハローワークの役割　図

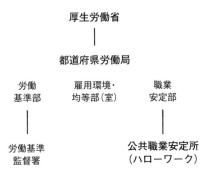

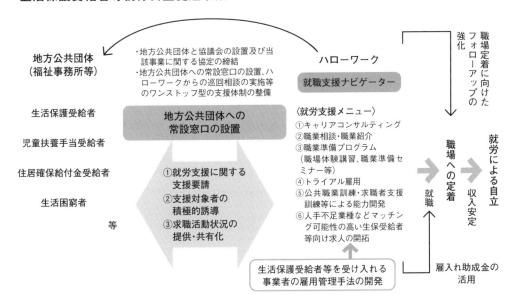

第6章参考文献

- 厚生労働省ホームページ「福祉事務所」
- 厚生労働省「生活困窮者自立支援法等に基づく各事業の令和4度事業実績調査集計結果」（2023年）
- 厚生労働省ホームページ「地域包括支援センターについて」
- 厚生労働省「公共職業安定所（ハローワーク）の主な取組と実績」（2024年）

第 7 章

貧困状態にある人の生活を支える人たち

01 ケースワーカー

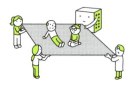

ケースワーカーとは

　都道府県や市町村に設置された福祉事務所において任用された、社会福祉主事のことを**ケースワーカー**と呼びます。社会福祉主事は任用資格（公務員が社会福祉関係の業務を担当する際に必要となる資格）であり、その資格については社会福祉法で定められています。福祉事務所には、必ず、社会福祉主事を置くことが法律上、義務付けられていますが、福祉事務所のない町村では任意設置となっています。

　ケースワーカーとして働くには、まず都道府県・市および福祉事務所を設置している町村に地方公務員として入職した後、福祉事務所に配属され、生活保護等に関する業務を行います。また、ケースワーカーは社会福祉主事の資格が必要とされているため、資格を持っていない場合には、資格取得を目指します。実際、福祉事務所の生活保護担当のうち、査察指導員と現業員（常勤）ともに8割以上が社会福祉主事任用資格を保有しており（2016（平成28）年）、保有者は増加傾向にあるといわれています。

ケースワーカー（現業員）の役割

　主として、福祉事務所で業務を遂行するケースワーカー（現業員）は、社会福祉各法に定める援護または更生の措置に関する事務を行います。福祉事務所長の指揮監督のもと、援護や育成、更生の措置を要する者等を対象に個別援助技術を用いた相談に応じます。相談場所は、福祉事務所だけでなく、ケースに応じて家庭訪問を行います。

　対象者への面接では、本人の資産や環境等について資力調査（ミーンズテスト）を実施します。そのうえで、保護その他の措置の必要の有無、各種の扶助や措置内容の種類を判断し、対象者への生活指導をおこなう等の事務を担います。

ケースワーカーの役割　図

ケースワーカー（現業員）の主な業務の流れ

 福祉事務所や訪問を通じた相談の受付  → 支援内容の決定、諸手続き  → 定期的な面接・家庭訪問等

査察指導員・ケースワーカー（現業員）の推移

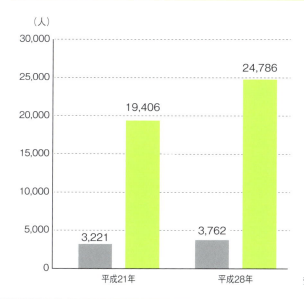

- 査察指導員
- ケースワーカー（現業員）

平成21年：3,221 / 19,406
平成28年：3,762 / 24,786

平成28年度の内訳において、生活保護を担当している職員は、
査察指導員　3,120人
現業員　18,183人
であり、増加傾向にあります。

資料：厚生労働省「福祉事務所人員体制調査」をもとに作成

01　ケースワーカー

02 社会福祉士

▶ 社会福祉士とは

社会福祉士は、社会福祉士及び介護福祉士法（昭和62年法律第30号）に基づく**国家資格**です。この法律は、社会福祉士および介護福祉士の資格を定めて、その業務の適正を図り、もって社会福祉の増進に寄与することを目的としています。

社会福祉士は、専門的知識や技術をもって、日常生活を営むのに支障がある者の福祉に関する相談に応じ、福祉サービスを提供する関係者等との連絡・調整その他の援助を行います。ソーシャルワーカーとしての社会福祉士は、家庭訪問や巡回訪問などのアウトリーチを通じて、貧困状態にある人の早期発見（ケース発見）を行い、発見したケースをケースワーカーに共有します。近年では、社会福祉士資格を有したケースワーカーも増加傾向にあります。

▶ スクールソーシャルワーカーの役割

学校や教育機関との連絡や調整においては、**スクールソーシャルワーカー**としての相談援助も重要な役割となります。スクールソーシャルワーカーは、都道府県・指定都市・中核市等の教育委員会や学校に配置されており、いじめ、不登校、暴力行為、児童虐待など生徒指導上の課題に対応するため、社会福祉等の専門的な知識・技術を用いて、児童生徒の置かれたさまざまな環境に働き掛けて支援を行います。

職務内容は、①問題を抱える児童生徒が置かれた環境への働き掛け、②関係機関等とのネットワークの構築、連携・調整、③学校内におけるチーム体制の構築、支援、④保護者、教職員等に対する支援・相談・情報提供、⑤教職員等への研修活動です。貧困状態にある子どもの環境に対して相談援助を通して働きかける役割を担っています。

社会福祉士・スクールソーシャルワーカー 図

福祉事務所における社会福祉士の役割

査察指導員・ケースワーカー（現業員）のうち
社会福祉士資格取得者数の推移

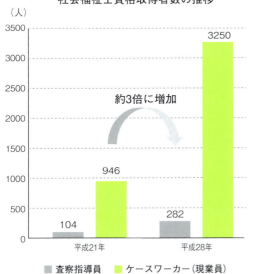

資料：厚生労働省「福祉事務所人員体制調査」をもとに作成

福祉事務所

- 老人福祉指導主事
- 身体障害者福祉司
- 知的障害者福祉司

とりわけ、身体障害者福祉司および知的障害者福祉司については、専門的知識と技術が求められるため、保有資格として社会福祉士等を有する者が相談援助の対応にあたります

スクールソーシャルワーカー活用事業

教職員 ←連携・調整→ スクールソーシャルワーカー ←連携・調整→ 関係機関

児童生徒の抱える諸課題
- いじめ
- 暴力行為
- 不登校 など

児童生徒が置かれた様々な環境の問題への働き掛け

貧困対策等
- 子供の貧困
- ひとり親家庭
- 児童虐待 など

02 社会福祉士　133

03 精神保健福祉士

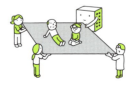

▶ 精神保健福祉士とは

精神保健福祉士は、精神保健福祉士法（平成9年法律第131号）に基づく国家資格です。この法律は、精神保健福祉士の資格を定めて、その業務の適正を図り、もって精神保健の向上および精神障がい者の福祉の増進に寄与することを目的としています。

精神保健福祉士は、精神障がい者の保健および福祉に関する専門的知識および技術をもって、精神障がい者の地域相談支援の利用に関する相談等に応じ、日常生活への適応のために必要な支援を行います。医療機関や障がい者の就労支援を行う施設などに勤務することが多いですが、社会福祉士や精神保健福祉士の資格を取得すると社会福祉主事任用資格も取得したものとみなされるため、福祉事務所に勤務することもあります。

▶ 精神保健福祉士の役割

貧困状態にある人のなかには、精神障がいのある人もいます。『令和6年版 障害者白書』では、精神疾患を有する外来患者数の年齢階級別内訳が示されており、いずれの年齢階級でも精神疾患を有する患者数が増えていることがわかります。

また、精神障がい者のうち、年金を受給している人と受給していない人とでは、所得に大きな違いがみられます。「年金の障害等級に該当しなかったから」という理由や「社会保険料を納めていなかったから」という理由で、年金を受給していない状況にある傾向があります。こうした場合、家族が元気なうちは家族のサポートに頼ることができますが、家族がいなくなれば生活保護を受給する必要があります。そういった際、**精神保健福祉士は、社会保険の加入状況や生活保護の申請手続きにおいて、重要な役割を担っています。**

精神保健福祉士 図

福祉事務所における精神保健福祉士の役割

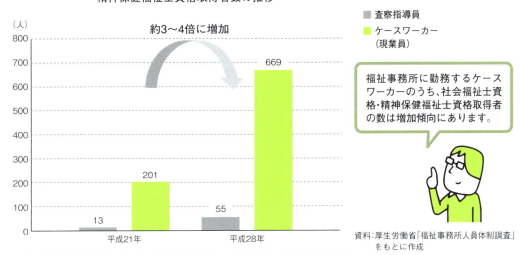

査察指導員・ケースワーカー（現業員）のうち精神保健福祉士資格取得者数の推移

福祉事務所に勤務するケースワーカーのうち、社会福祉士資格・精神保健福祉士資格取得者の数は増加傾向にあります。

資料：厚生労働省「福祉事務所人員体制調査」をもとに作成

精神疾患を有する外来患者数の推移（年齢階級別内訳）

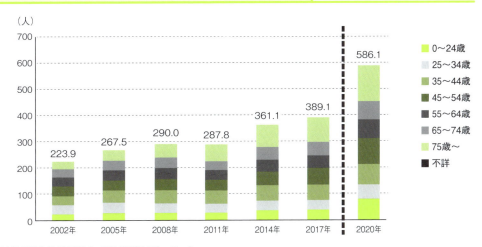

注1）2011年の調査では宮城県の一部と福島県を除いている。
注2）2020年から総患者数の推計方法を変更している。具体的には、外来患者数の推計に用いる平均診療間隔の算出において、前回診療日から調査日までの算定対象の上限を変更している（2017年までは31日以上を除外していたが、2020年からは99日以上を除外して算出）。
注3）四捨五入で人数を出しているため、合計が一致しない場合がある。

出典：内閣府「令和6年版障害者白書」

03 精神保健福祉士　135

04 保健師・退院後生活環境相談員

▶ 保健師とは
保健師は、保健師助産師看護師法（昭和23年法律第203号）に基づく国家資格です。この法律は、「保健師、助産師及び看護師の資質を向上し、もつて医療及び公衆衛生の普及向上を図ること」を目的としています。

▶ 保健師と退院後生活環境相談員の役割
保健師の業務内容は多岐にわたります。保健領域や医療領域だけでなく、福祉や教育、司法、産業などの領域においても業務を行い、地域における住民の健康や保健指導においては医師とともにその中心的な役割を担っています。

2013（平成25）年、精神保健福祉法の改正に伴い、「**退院後生活環境相談員**」という資格が創設されました。この資格において、保健師は、精神保健福祉士等とともに、医療保護入院患者の退院に向けた面接や地域移行、地域定着支援の利用を検討する主要な役割を担うことが期待されています。仮に、生活保護受給者が対象であれば、退院支援を行うために多職種と連携して取り組みます。退院後生活環境相談員は、保健師や精神保健福祉士等として、精神障がい者に関する業務に従事した経験を有する者等から選任されます。選任後は、医療保護入院患者とその家族に選任されたことを伝えるため、入院後7日以内に患者とその家族等と面会し退院に向けた取り組みを行います。定期的に開催される**医療保護入院者退院支援委員会**に出席し、患者の入院継続の必要性の有無等を患者とその家族、医師や看護師らとともに審議します。

2024（令和6）年4月からは、退院後生活環境相談員となる前提資格として**公認心理師**が追加されています。

保健師・退院後生活環境相談員　図

保健師数の推移

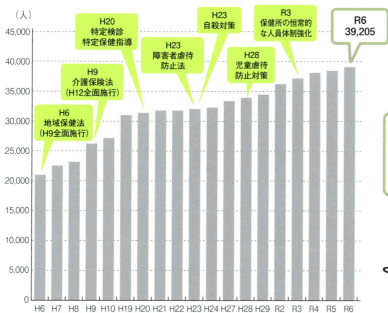

各種制度の整備が行われ、保健師の活動分野の多様化・役割の拡大が進んでいます。

資料：H7年までは保健婦設置状況調査、H8年は保健所運営報告、H10年は全国保健師長会調査、H9年、H11-20年は保健師等活動領域調査、H21年以降は保健師活動領域調査をもとに作成

退院後生活環境相談員

退院後生活環境相談員
医療保護入院患者の退院に向けた面接や地域移行、地域定着支援の利用を検討する主要な役割を担う

- 次に該当するものから選任
  ・精神保健福祉士
  ・保健師、看護師、准看護師、作業療法士、社会福祉士、公認心理師として、精神障害者に関する業務に従事した経験を有する者
  ・精神障害者及びその家族等との退院後の生活環境についての相談及び指導に関する業務に3年以上従事した経験を有する者であって、かつ、厚生労働大臣が定める研修を修了した者

生活保護受給者が対象であれば、退院支援を行うために多職種と連携して取り組みます。

04　保健師・退院後生活環境相談員

05 ケアマネジャー
（介護支援専門員）

▍ケアマネジャー（介護支援専門員）とは

介護支援専門員は、通称、**ケアマネジャー**と呼ばれ、介護保険法（平成9年法律第123号）により定められています。ケアマネジャーは、社会福祉士などの基礎資格や福祉施設等での実務経験（医師、看護師、社会福祉士、介護福祉士等が5年以上かつ従事した日数が900日以上）を有する者が介護支援専門員実務研修受講試験に合格し、その後、介護支援専門員実務研修を修了し、各都道府県に介護支援専門員として登録（介護支援専門員証が交付）された者のことを指します。

▍ケアマネジャー（介護支援専門員）の役割

ケアマネジャーは、居宅介護支援事業所をはじめとする介護保険施設に配置されています。市町村から要介護認定・要支援認定の更新や区分変更についての調査を依頼された場合には、これを行います。また、要介護者や要支援者からの相談や心身の状況等を把握し、訪問介護や通所介護などの適切なサービスを利用できるように、介護サービス計画や居宅サービス計画（以下、ケアプラン）を作成します。ケアプランは居宅介護支援を利用する者に対して書式にして渡し、それに基づき、ケアマネジャーが各サービスを利用できるように事業者と連絡調整を行います。その後は、サービス提供が適切に行われているかの状況把握（モニタリング）などを行います。

居宅介護支援については10割給付であり、利用者の自己負担はありません。しかし、高齢者のなかには貧困で支援が必要であることが少なくありません。ケースワーカー等は、ケアマネジャーとの連携を図り、利用者が適切な介護サービス等が受けられるように働きかけを行います。

ケアマネジャーの業務と高齢者の生活状況 図

業務の流れ(イメージ)

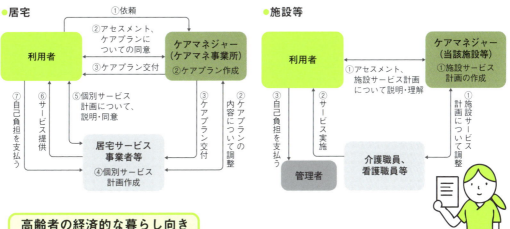

高齢者の経済的な暮らし向き

資料:内閣府「高齢者の日常生活・地域社会への参加に関する調査」(令和3年度)
(注1)四捨五入の関係で、足し合わせても100.0%にならない場合がある。
(注2)調査は60歳以上の男女を対象としているが、本白書では、65歳以上の男女の集計結果を紹介する。

高齢者世帯の所得

区分	平均所得金額 (平均世帯人員)	平均等価可処分 所得金額
高齢者世帯	318.3万円 (1.54)	226.0万円
その他の世帯	669.5万円 (2.73)	327.7万円
全世帯	545.7万円 (2.32)	299.9万円

資料:厚生労働省「国民生活基礎調査」(令和4年)
(同調査における令和3(2021)年1年間の所得)
(注1)高齢者世帯とは、65歳以上の者のみで構成するか、又はこれに18歳未満の未婚の者が加わった世帯をいう。
(注2)その他の世帯とは、全世帯から高齢者世帯と母子世帯を除いた世帯をいう。

出典:内閣府「令和6年版高齢社会白書」

05 ケアマネジャー(介護支援専門員)

06 医師・看護師

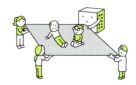

医師・看護師

医師とは、医師法（昭和23年法律第201号）で定められた職種です。「医師は、医療及び保健指導を掌ることによって公衆衛生の向上及び増進に寄与し、もって国民の健康な生活を確保するものとする」と定義され、加えて、「医師でなければ、医業をなしてはならない」と厳格に定められています。

同様に、**看護師**もまた「厚生労働大臣の免許を受けて、傷病者若しくはじょく婦に対する療養上の世話又は診療の補助を行うことを業とする者をいう」と、保健師助産師看護師法で規定された職種です。

医師・看護師の役割

医師・看護師は、主に診療所や病院等に勤務していますが、福祉施設などにも勤務しています。労働安全衛生法においても、労働者が健康状態を害し、病気や障がいが原因で失業し貧困状態に陥らないよう、**産業医**の設置が義務づけられています。

介護保険制度では、医師は要介護認定に際し、主治医意見書の作成を行うこととなっています。また、在宅医療においては、医師と看護師は訪問診療や居宅療養管理指導などを行っています。貧困状態にある人のなかには、医療的な支援が必要な人が少なくありません。医師と看護師の役割はとても大切なのです。

近年の課題は、医療従事者の高年齢化と従事者数の地域格差です。特に、診療所の医師では平均年齢が60代となっています。社会福祉法では、地域の相談支援に関する事業者は地域生活の課題を把握し、関係機関につなげることを求めています。地域包括支援センターはその役割を担っているのです。

医師・看護師の概況　図

医師・看護師の主な勤務先

病院

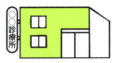
診療所

企業（産業医）

障害者支援施設

特別養護老人ホーム

訪問看護ステーション

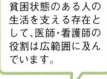

貧困状態のある人の生活を支える存在として、医師・看護師の役割は広範囲に及んでいます。

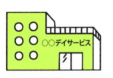
デイケア実施事業所

幼稚園
特別支援学校

…など

医師・看護師の概況

医師数
- 病院　　16万426人
- 診療所　10万7348人
- 医育機関付属の病院　5万9670人

病院に従事する医師の平均年齢　**47.6歳**

診療所に従事する医師の平均年齢　**60.4歳**

看護師数
- 病院　　88万8858人
- 診療所　17万9241人
- 訪問看護ステーション　7万975人
- 介護保険施設等　10万1161人
- 社会福祉施設　2万2825人

人口10万人当たりの看護師数（全国平均1,049.8人）

高知県	1,685.4人
鹿児島県	1,504.9人
佐賀県	1,468.9人
︙	
神奈川県	813.2人
千葉県	796.2人
埼玉県	744.2人

資料：厚生労働省「令和4（2022）年医師・歯科医師・薬剤師統計の概況」／厚生労働省「令和4年衛生行政報告例（就業医療関係者）の概況」をもとに作成

07 主任相談支援員

主任相談支援員とは

 2013（平成25）年に生活困窮者自立支援法が成立しました。以降、「第2のセーフティネット」（生活の安全網）として位置づけられ、生活困窮者対策が進められてきました。
 必須事業である**自立相談支援事業**は、①生活困窮者の相談に応じ、アセスメントを実施して個々人の状態にあったプランを作成し、必要な支援の提供につなげること、②関係機関への同行訪問や就労支援員による就労支援等を行うこと、③関係機関とのネットワークづくりと地域に不足する社会資源の開発等に取り組むこと、④ホームレスになるおそれがある者に対する巡回相談やホームレス自立支援センター等における相談支援を行うこと等を目的とした事業です。この事業を実施する機関として、自立相談支援機関が設置されています。自立相談支援機関で相談支援を実施する主要職種として三つの職種があります。そのうちの一つが、**主任相談支援員**です。

主任相談支援員の役割

 主任相談支援員は、相談支援業務のマネジメントとして、支援の内容やその進捗状況の確認を行い、各支援員への助言・指導、スーパービジョンを通じた職員の育成を担います。また、支援困難事例への対応を実施するために、社会資源の開拓や連携の強化、地域住民への普及や啓発活動など、地域への働きかけを行います。
 自立相談支援機関は、相談支援業務と地域づくり関連業務を実施しているため、同じ機関に所属している相談支援員や就労支援員と常に連携を図りながら、組織的な相談支援体制のもと相談支援を展開していきます。その要を担うのが主任相談支援員なのです。

主任相談支援員の役割　図

主任相談支援員には次のような役割が求められます。
- 個人への丁寧な相談支援とともに、地域づくりを視野に入れた、チームによる包括的な支援体制を整備する視点を持つこと
- 社会資源が不足している場合には、地域の関係機関のネットワークを強化したり、新たに社会資源を開発すること
- なお、支援困難事例に対応するとともに、スーパービジョンや人材養成を通して、支援の抜け漏れや偏りを防ぐこと
- また、支援員一人一人が自らの専門性を発揮し、より良い実践を展開していけるよう、職場づくりやリスクマネジメントにも取り組むこと

"きちんと"
丁寧な相談支援
- 支援困難な事案への対応
- 高度な相談支援の展開
- 包括的、個別的、早期的、継続的、創造的な支援の実施

"しっかり"
相談業務のマネジメント
- スーパービジョンや人材育成
- 支援内容及び進捗状況の確認、助言、指導
- 業務全体のリスクマネジメント
- 理念の共有に向けた働き掛け
- リーダーシップの発揮

"みんなで"
チームによる支援
- 関係機関との連携、協働
- 自立相談支援事業と任意事業との一体的支援
- より良い職場づくり
- 相談支援員、就労支援員との協働・支援

"つながる・つくる"
社会資源の活用と開発
- 関係機関・者とのネットワークの構築
- 働く場、参加する場の開拓
- 地域住民への普及、啓発活動
- 地域の支援レベルの向上に向けた取組

資料：厚生労働省「生活困窮者自立支援制度主任相談支援員研修資料」

08 地域福祉コーディネーター・生活支援コーディネーター

▶ 地域福祉コーディネーターとは

　2017（平成29）年以降、予防的福祉の推進としての「重層的なセーフティネットの構築」が掲げられ、従来の申請主義による「待ち」の相談援助の姿勢ではなく、抱えている問題が深刻化し解決が困難な状態となる前に、アウトリーチを通じて早期に発見して支援につなげていく環境整備が指摘されました。

　2020（令和2）年6月には、社会福祉法が改正され、地域共生社会実現のための「**重層的支援体制整備事業**」が国から示され、生活困窮者自立相談支援事業を行う者その他の支援関係機関が、地域生活課題を解決するために、相互の有機的な連携の下、その解決に資する支援を一体的かつ計画的に行う体制の整備に関することが明記されました。

　この重層的支援体制整備事業の一環として位置づけられたのが、**地域福祉コーディネーター**です。地域に出向き地域活動を支援しながら、個別の相談に寄り添って伴走し、地域住民と共に地域づくりに取り組むことがその役割となります。

▶ 生活支援コーディネーターとは

　医療・介護・予防・住まい・生活支援が包括的に確保される「地域包括ケアシステム」の構築を実現することを背景に、**生活支援体制整備事業**が創設されました。この事業は、**生活支援コーディネーター（地域支え合い推進員）**とそれをバックアップする協議体を市町村区域と日常生活圏域に配置し、多様な事業主体による重層的な生活支援や介護予防の取り組みを推進するものです。多様なコーディネート業務を実施することにより、地域における一体的な生活支援等サービスの提供体制の整備を推進します。制度の狭間に陥りやすい住民に対する身近な支援者としての役割が期待されています。

生活支援コーディネーター等の役割　図

地域における生活困窮者支援等のための共助の基盤づくり

【国の課題】
- 少子高齢化の進行
- 人口減少
- 単身世帯・生活困窮世帯の増加
- 地域のつながりの希薄化

【地域における課題】
- 増大する高齢者等の福祉ニーズへの対応
- 軽度者に対する日常生活支援や社会的孤立など多様化する福祉ニーズへの対応
- 地域における担い手の育成・確保

既存の社会保障・社会福祉制度を着実に実施するとともに、公費に頼らない共助の取組の活性化が必要。

【実施主体】

【地域住民の福祉ニーズ把握】

地域住民のニーズを踏まえ、その対応方針を地域福祉計画等に反映

【地域インフォーマル活動の活性化】
- 企業等による社会貢献活動への働きかけ
- インフォーマル人材の地域サービス等への参画の働きかけ
- インフォーマル活動を行う活動拠点の確保、初期設備の導入
- 寄付金の確保推進等を通じた自主財源の確保　　等

【新たな地域サービスの創出】
- 買物弱者に対する買物支援やちょっとした困り事への対応など地域サービスの創出に向けた検討
- 電気・ガス事業者などの民間事業者と連携した見守り体制の構築
- 地域サービスの担い手に対する研修の実施　　等

生活支援コーディネーター（地域支え合い推進員）の役割

生活支援コーディネーターの配置

〈資源開発〉
・地域に不足するサービスの創出
・サービスの担い手の養成
・元気な高齢者などが担い手として活動する場の確保
　　　　　　　　　　　　　　など

〈ネットワーク構築〉
・関係者間の情報共有
・サービス提供主体間の連携の体制づくり
　　　　　　　　　　　　　　など

〈ニーズと取組のマッチング〉
・地域の支援ニーズとサービス提供主体の活動をマッチング
　　　　　　　　　　　　　　など

＋

協議会
多様な関係主体間の定期的な情報共有及び連携・協働による取組を推進

NPO　　民間企業　　協働組合　　ボランティア　　社会福祉法人　　等

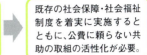

09 民生委員・児童委員

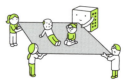

民生委員・児童委員とその役割

　民生委員は、都道府県知事の推薦によって厚生労働大臣から委嘱されます。各地域で住民の立場から、住民の相談に応じます。また、必要な援助を行い、社会福祉の推進に努めるものとされています。民生委員の役割は、多岐にわたります。例えば、地域包括ケアシステムでは、地域による見守りが必要な場合には、民生委員が協力します。さらに、老人福祉法では「民生委員は、この法律の施行について、市町村長、福祉事務所長又は社会福祉主事の事務の執行に協力するもの」とその役割が規定されています。

　児童委員は、地域の子どもたちが元気に安心して暮らせるように、子どもたちを見守り、子育ての不安や妊娠中の心配ごとなどの相談・支援等を行います。また、一部の児童委員は児童に関することを専門的に担当する**「主任児童委員」**の指名を厚生労働大臣より受けています。児童委員の役割は、児童や妊産婦の生活や環境の状況を適切に把握しておくこと、その保護、保健その他福祉に関し、サービスを適切に利用するために必要な情報の提供その他の援助および指導を行うこと、児童および妊産婦に係る社会福祉を目的とする事業を経営する者等と密接に連携し、その事業または活動を支援すること、児童福祉司または福祉事務所の社会福祉主事の行う職務に協力すること等です。また、民生委員は児童委員を兼務します。

主任児童委員とその役割

　厚生労働大臣により指名された主任児童委員は、児童委員の職務について、児童の福祉に関する機関と児童委員（主任児童委員である者を除く）との連絡調整を行うとともに、児童委員の活動に対する援助及び協力を行うものとその役割が規定されています。

民生委員等の活動内容 図

民生委員・児童委員の活動状況について

民生委員・児童委員

22万7426人
(令和4年度末現在)

- 無報酬
- 活動費は地方交付税の積算に算定
- 特別職の地方公務員(都道府県)
- 任期3年
- 守秘義務あり

↑【委嘱】

厚生労働大臣

↑【推薦】

都道府県知事等 ←【意見】 地方社会福祉審議会
（努力義務）

↑【推薦】

市町村　民生委員推薦会

※委員の人数や構成については市町村長の裁量に委ねる。

民生委員・児童委員1人当たりの活動状況
(令和4年度実績)

【都市部】
(東京23区・指定都市)
220〜440世帯

【担当区域】

【町村部】
70〜200世帯

【連携】↓↑【支援】

行政・社協・学校・地域包括支援センター・社会福祉施設　等 ←→ 民生委員・児童委員協議会

【活動内容】

 相談支援
 地域福祉活動
 定例会・研修等
 調査・実態把握

 行事等への参加
 証明事務
 訪問

民生委員・児童委員、主任児童委員等の活動について

担当区域
- 子どものいる世帯
- 妊産婦のいる世帯
- 母子世帯
- 父子世帯
- その他の世帯

← **世帯状況把握**
・虐待の早期発見、予防
・DV、いじめ、不登校等世帯の抱える問題の把握

← **情報提供**
・世帯が必要としているサービスの情報提供

← **相談・援助**
・各種相談
・子育て支援
・児童の健全育成活動

地区担当民生委員・児童委員 ←連携・協力→ 主任児童委員

主任児童委員は、関係機関と児童委員のつなぎ役

主任児童委員 ←連携・協力→
- 市町村
- 福祉事務所
- 児童相談所
- 保健所
- 教育委員会
- 学校
- 保育所
- 児童館
- 医療機関
等

民生委員・児童委員

出典：厚生労働省「民生委員・児童委員参考データ_IFC」

09　民生委員・児童委員　147

10 弁護士

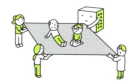

弁護士

弁護士とは、弁護士法（昭和24年法律第205号）に定められた弁護士資格を有する者のことです。弁護士は、基本的人権を擁護し、社会正義を実現することを使命とし、それに基づき「誠実にその職務を行い、社会秩序の維持及び法律制度の改善に努力しなければならない」と規定されています。

弁護士の役割

弁護士の職務は、「当事者その他関係人の依頼又は官公署の委嘱によって、訴訟事件、非訟事件及び審査請求、再調査の請求、再審査請求等行政庁に対する不服申立事件に関する行為その他一般の法律事務を行うこと」とされています。

弁護士は、認知症高齢者の金銭管理等にかかわる成年後見人や権利擁護、DVや虐待等の対応に際し、行政や社会福祉協議会、地域包括支援センターと連携します。**日本司法支援センター（法テラス）**で無料相談を行い、借金や虐待、離婚、金銭管理等の問題を抱えている人のほか、生活保護の受給を希望している人や生活保護の審査請求手続き等の相談に対応しています。

弁護士が成年後見人を務める場合には、まず、家庭裁判所で後見等の開始の審判が行われます。その審判の際に、家庭裁判所によって成年後見人等が選任されます。成年後見人等の選任に当たっては本人にとって最も適任だと思われる人が選任されます。申し立て人である本人の財産管理が複雑困難であるなどの事情が判明している場合に、弁護士、司法書士、社会福祉士など、成年後見人等の職務や責任についての専門的な知識を持っている専門職が成年後見人等に選任されます。

弁護士の役割と成年後見制度 図

弁護士の役割

弁護士

当事者その他関係人の依頼又は官公署の委嘱によつて、訴訟事件、非訟事件及び審査請求、再調査の請求、再審査請求等行政庁に対する不服申立事件に関する行為その他一般の法律事務を行うこと（弁護士法第3条）

・認知症高齢者の金銭管理等にかかわる成年後見に関する相談
・DVや虐待、離婚の関する相談
・生活保護の受給、不服申立てに関する相談

などに対応

成年後見制度の相談の流れ

相談者 → **相談**
- 市区町村窓口
- 地域包括支援センター
- 社会福祉協議会
- 権利擁護センター
- 成年後見センター
- 日本司法支援センター
等

→ **申立て**
家庭裁判所
申立書などの書類や申立て手数料などの費用が必要

→ **制度の開始**
財政管理が複雑困難であるなどの事情が判明している場合には、弁護士、司法書士、社会福祉士など専門職が選任される

成年後見制度に限らず、借金や虐待、離婚、金銭管理等の問題を抱えている人の相談対応を行っています。

10 弁護士

11 家族、ボランティア

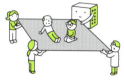

▶ 家族の役割

家族は、民法上、扶養義務を負っています。民法上の扶養義務は、成人した子が経済的に独立することが難しい場合、三親等内の親族が子を扶養する責務を義務付けています。こうした扶養義務は、親族の高齢化等を背景に、少しずつですが、法改正されてきました。例えば、2013（平成25）年の精神保健福祉法の一部改正では、それまでの精神障がい者家族に対する「保護者」としての過大な責務（保護者制度）が廃止されました。

2022（令和4）年の厚生労働省「令和4年生活のしづらさなどに関する調査（全国在宅障害児・者等実態調査）結果の概要」では、レスパイトなどの障がいをもつ人の家族への支援や親なき後の生活支援の必要が明らかにされています。

他方で、**ヤングケアラー**が社会問題として注目されています。ケアを要する家族のために学校等へ行けない子どもたちが存在することが改めて明らかとなりました。

▶ 地域住民やボランティアの役割

2018（平成30）年に施行された改正社会福祉法では、地域住民とボランティア等を地域福祉の推進を担う主体として位置づけています。地域住民とボランティアには、国が掲げる「地域共生社会」の実現の一翼を担うことが政策的にも期待されています。

また、**子ども食堂**も地域交流の場などの役割を果たしています。厚生労働省の通知においては、生活困窮者自立支援制度や社会福祉法人との連携、養育に支援が必要な家庭や子どもを把握した場合の対応等が示されています。このように、貧困状態にある人やそうした家庭にある子どもへの支援においても、地域住民とボランティア等への期待が高まっています。

家族の課題とボランティア活動の実態　図

家族の課題

●特に必要と考える支援

	障がいをもつ人の家族に対する支援事業（休息のための一時入所（レスパイトケア）等）	親亡き後の生活支援
障がいをもつ人の家族への支援	1,326　9.4%	1,805　12.8%

（資料：厚生労働省「令和4年生活のしづらさなどに関する調査」より）

●ヤングケアラー

家族の介護その他の日常生活上の世話を過度に行っていると認められる子ども・若者（子ども・若者育成支援推進法第2条第7号）

- 幼いきょうだいの世話をしている
- 障がいや病気のある家族の代わりに家事をしている
- 家族の通訳をしている

等

ボランティア活動等の実態

●ボランティア活動者数（令和5年4月現在）

全国	人数	613万人
	グループ	18.9万グループ

●子ども食堂

地域のボランティアが子どもたちに対し、無料又は安価で栄養のある食事や温かな団らんを提供する取組

- 居場所づくり
- 生活困窮者自立支援制度との連携

子どもだけでなく、高齢者、障がい者等全ての地域住民が対象とする取り組みも含みます。

11　家族、ボランティア

第 7 章参考文献

- 一般社団法人日本ソーシャルワーク教育学校連盟編『最新　社会福祉士養成講座 4　貧困に対する支援』中央法規出版、2021 年
- 内閣府『令和 6 年版　障害者白書』(2024 年)
- 厚生労働省「令和 6 年版厚生労働白書」(2024 年)
- 内閣府『令和 6 年版高齢社会白書』(2024 年)
- 厚生労働省「自立相談支援事業の手引き」(2019 年)
- 厚生労働省ホームページ「成年後見早わかり」
- 厚生労働省「令和 4 年生活のしづらさなどに関する調査（全国在宅障害児・者等実態調査）結果の概要」

第 8 章

支援制度の活用事例

01 ホームレス状態から生活保護制度を利用した地域移行支援

1 背景

　高校卒業後から非正規労働を継続していたAさん（60歳）は、倉庫内作業員として4年半働いた職場で半年前に雇用契約の更新を断られて失業しました。その後、ハローワークや求人雑誌を頼りに再就職先を探しましたが、なかなか就職先が見つかりません。次第に貯金も底を尽き、家賃が払えず立ち退きを求められてしまいました。その後はB市の河川敷で生活をするようになりました。

図 ホームレス状態に至る直前に利用した社会資源

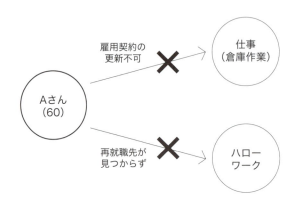

2 河川敷での生活の状況

　Aさんは、空き缶などの廃品回収などで日々の生活費を得たり、B市内のホームレス支援の団体による定期巡回や生活相談を利用したり、炊き出しに参加しながら過ごしていました。また、Aさんと同様に河川敷で生活を続ける人たちとも親しくなり外出時の荷物の見張りを交代で行うなどお互いに助け合って生活していました。

図 ホームレス生活を支えた支援ネットワーク

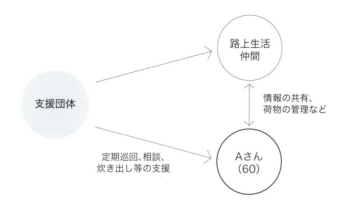

3 Aさんの体調不良

　ある日、河川敷の定期巡回に訪れたホームレス支援団体の職員は路上生活をしている人に「Aさんはどこに行ったのか」質問しました。「ここ数日、Aさんの姿を見ないのでみんなで心配していたところだよ」とのことです。職員がAさんのテントに声をかけたところ、Aさんから「具合が悪くて、動けない」という応答がありました。

　Aさんの様子をみて、すぐに救急車を要請した結果、病院に搬送されることになりました。

4　救急搬送と病院での治療

　病院で応急処置を実施後、病院の医療ソーシャルワーカーはＡさんの状況を把握するため聞き取りを行いました。Ａさんの話を受けた医療ソーシャルワーカーは、Ｂ市福祉事務所に連絡して現在地保護（※1）の可能性について相談しました。

　Ａさんは栄養失調、高血圧、糖尿病、十二指腸潰瘍のため「少なくとも1か月は入院治療を継続する見込み」という診断結果が出ました。

5　福祉事務所による生活保護申請のサポート

　医療ソーシャルワーカーより連絡を受けたＢ市福祉事務所のケースワーカーは、病院を訪問しＡさんと生活保護の申請手続きの面談を行い、生活保護が開始されました。

6　体調回復後の支援について：退院前ケースカンファレンスの実施

　3週間ほどの入院を経てＡさんの病状が安定しました。そこでＡさんの退院後の治療と生活などの支援策について、Ａさん、医療ソーシャルワーカー、ケースワーカー、病棟看護師で退院前のカンファレンスを実施しました。

　カンファレンスでは……

Ａさん：体調を回復させた後は、できれば仕事をしながら安定した生活がしたい。

看護師：今は入院の必要は無いですが、今後も通院が必要です。当面は服薬のサポートがある環境が望ましいです。

ケースワーカー：Ａさんには退院した後に帰る場所がないので当面の生活する場を確保してからその後の生活を考えることが必要です。

7 更生施設の利用中の支援：入所当初

　退院前ケースカンファレンスを踏まえケースワーカーは更生施設^(※2)（以下、施設）にAさんの利用申込みを行い、病院退院日に更生施設へ入所することが決定しました。

　施設の入所時には、Aさんの服薬管理や健康管理などの生活スキルの確認、食事の提供、病院への継続通院のサポートを中心とした支援計画が作成されました。また、施設では相談員がAさんの担当職員になることが決まりました。

8 更生施設の利用中の支援：入所1か月後

　施設によるAさんのモニタリングの結果、生活も安定しており、通院や服薬の管理も順調に自己管理が可能であることから、Aさんの「働きたい」という思いを実現することを目標とした支援計画の見直しを行い、施設内の職業訓練のプログラムへの参加や就職活動のサポートを利用する方向で支援内容を変更しました。

9 更生施設利用中の支援：施設退所に向けた支援

　施設での生活が6か月を過ぎた頃にAさんは、ビル清掃員として継続的に働いていました。そこで、相談員は支援計画の見直しのタイミングでAさんとケースワーカーと日程を調整し退所に向けた支援方針を検討ためのカンファレンスを開催しました。

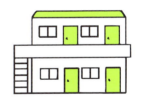

　その結果、施設を退所後は、Aさんの希望を踏まえてB市内のアパートに転居するという支援方針が決定されました。

※1　「保護を受けていなかった単身者で居住地のないものが入院又は入所した場合は、医療扶助若しくは介護扶助又は入院若しくは入所に伴う生活扶助の適用について、保護の申請又は保護の申請権者からはじめて保護の実施機関に連絡のあった時点における、要保護者の現在地（ただし、当該単身者が急病により入院した場合であって、発病地を所管する保護の実施機関に対し申請又は連絡を行うことができない事情にあったことが立証され、かつ、入院後直ちに保護の実施機関に申請又は連絡があった場合は、発病地とする。）を所管する保護の実施機関が、保護の実施責任を負うこと。」とされています。この事例の場合は、救急搬送をされたB市の河川敷が現在地となるため、B市福祉事務所が保護の実施機関となります。

※2　生活保護法第38条3項に規定される保護施設です。同法では「更生施設は、身体上又は精神上の理由により養護及び生活指導を必要とする要保護者を入所させて、生活扶助を行うことを目的とする施設」と規定されています。具体的には（1）生活指導、（2）作業訓練、（3）健康診断の実施、（4）教養娯楽施設の利用などを通して近い将来に社会復帰ができる見込みのある方を支援する施設です。

図 ホームレス生活からの脱却を支えた支援ネットワーク

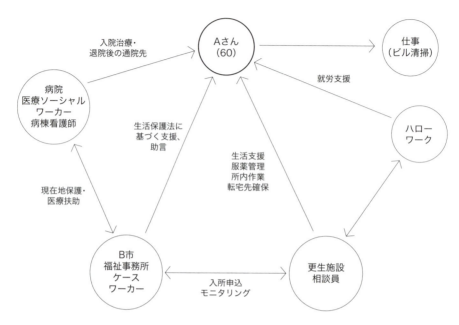

10 更生施設退所後のAさんの様子

　その後のAさんは、ビル清掃員の収入と生活保護を受給しながらアパートでの生活を維持しています。また、休日には、時折、ホームレス支援団体のボランティアスタッフとして炊き出しの活動に参加しています。

図 ホームレス状態から生活保護制度を利用した地域移行支援の全体像

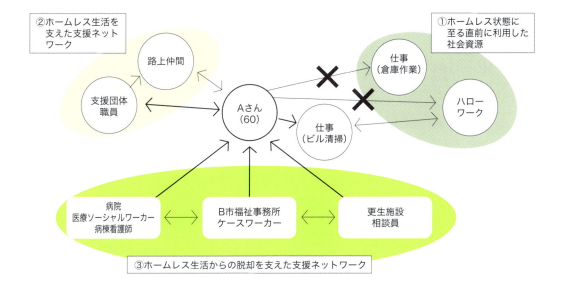

参考文献
- 生活保護法による保護の実施要領について（昭和38年4月1日　社発第246号）
- 東京都福祉局ホームページ「保護施設とは」https://www.fukushi.metro.tokyo.lg.jp/seikatsu/shisetsu/hogo/hogo.html

01 ホームレス状態から生活保護制度を利用した地域移行支援

02

老々介護世帯のそれぞれの入院から在宅復帰までの支援

1 背景

　認知症で要介護1のCさん（80歳）とCさんの介護者である妻のDさん（76歳）の夫妻は、公営住宅に住む老々介護の世帯です。6か月前、Dさんはかかりつけのクリニックで健診を受けたところ「肺に影が見えた」ため精密検査を受けました。その結果、「結核」と診断され保健所から入院の指示が出ました。一方、Cさんは、Dさんの接触者であることを理由にこれまで利用していた介護サービスが中断されてしまいました。Dさんは、Cさんを自宅に1人残して入院することに不安を抱えています。Cさんは、Dさんと離れて生活した上で、陰性が証明されないと介護サービスの再開が見込めません。

図 Cさんの介護サービスの利用が中断するまでの状況

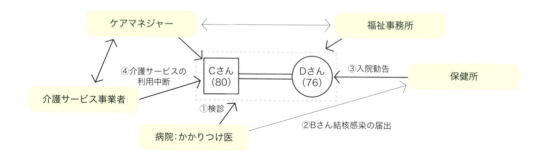

2 Cさんの担当のケアマネジャーと担当ケースワーカーとのやりとり

　Cさんの担当ケアマネジャーは、Cさんの介護サービスの再開を図るため、Cさんの

検査実施に向けて調整を図りました。その結果Cさんは陰性でした。

しかし、介護サービス事業者からは「Dさんと同居中のCさんは接触者。陰性でも他の利用者への感染リスクがある」と断られてしまいました。そこで、ケアマネジャーはCさん世帯の担当ケースワーカーに「Dさんの入院を優先させて、Cさんについてはその後に検討を進めたい。その間は家族でCさんを支えてほしいのだけれど……」と相談しました。

3 Cさん世帯の長女Eさんと担当ケースワーカーとのやりとり

ケアマネジャーからの相談を受けたケースワーカーは、Cさん世帯の長女Eさんに連絡をしました。

Eさんは、ケースワーカーに「母（Dさん）の入院手続きを進めることに同意します。父（Cさん）のサポートも家族としてできる限り対応します。しかし、①既に父は陰性という結果が出ているので介護サービス再開はいつになるのか？、②いつまで家族だけで父の生活を支えないといけないのか？　これらの見通しを示してほしい。」と伝えました。

4 ケースワーカーとDさんの保健師とのやりとり

Eさんからの問い合わせについてケースワーカーは、Dさんの担当保健師に確認しました。保健師は、「①Cさんの介護サービスの再開は、『陰性』という結果が出ているので、保健所はCさんに対して特に制限をしていません。あとは、介護サービス事業者の判断だと思われます。②Cさんや家族が希望する支援策があれば検討してほしいです。」との見解を示しました。

ケースワーカーは、保健師に「ケアマネジャーからは介護サービスの利用が難しいということなので、Cさんの持病の治療として入院可能な医療機関があるかを考えています。地域包括ケア病棟（※3）の利用ができないかも含めて探してみたいと思います。」と伝えました。

5 Cさんの入院

　保健師よりケースワーカーに「保健所でも市内の病院を探してみたところ、ケースワーカーがCさんの入院手続きに立会うことができれば3日後に地域包括ケア病棟への入院が可能です」という連絡がありました。そこで、3日後に、ケースワーカーは病院にて入院手続きを行い、主治医、看護師、理学療法士、医療ソーシャルワーカーとCさんに関する情報を共有しました。病院ではCさんは多職種チームによる治療やケアを受けたり、Eさんや近所の友人らの面会を楽しみにしながら入院生活を過ごしていました。

図 CさんDさんのそれぞれが入院に至るまでの状況

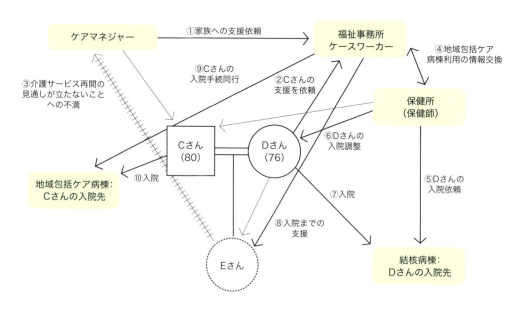

※3　国が推進する「地域包括ケアシステム」を支えるため、医療と介護が連携し患者さんや家族を支援する体制として平成26年4月から導入された病棟です。この病棟は、急性期治療を経過し、病状が安定した患者さんが住み慣れた地域での療養を支援することを目的としています。入院期間は最長60日までとなり、その後は自宅や施設への移行が想定されています。入院対象は、①急性期治療後、経過観察が必要な方、②在宅生活に向けた支援・リハビリが必要な方、③レスパイトが必要な方、④在宅での療養が困難になった方、などが想定されています。

6 現在の状況

　Dさんは3か月間の入院治療を経て自宅に戻り、通院を継続しています。Cさんも以前のように介護サービスを利用しながら日々の生活を過ごしています。

図 Cさん世帯の支援の流れ

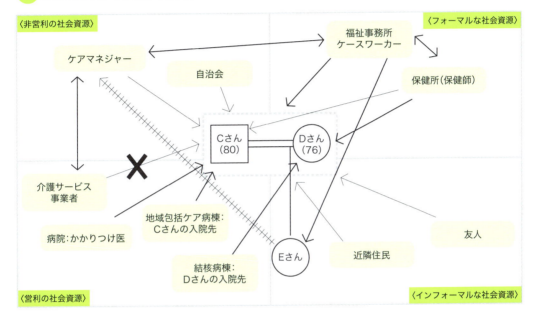

参考文献

● 国立長寿医療研究センターホームページ　「地域包括ケア病棟のご案内」https://www.ncgg.go.jp/hospital/iryokankei/hokatsu.html

03

金銭管理支援事業を利用した
ひとり親世帯の家計改善への支援

1 背景

　Fさん世帯は、母親Fさん（45歳）と小学5年生の長男Gさん（11歳）の2人家族です。Fさんは気分障がいにより感情の起伏が激しく、気持ちが落ち込んでしまうと家計や服薬の管理をはじめ身の回りの整理ができず、家の中も非常に乱雑になってしまいます。Fさんがいつも「死にたい」と口癖のようにと言うため、Gさんは「母と一緒にいないと何が起きるか心配」なので学校を休んで家事やFさんの介助をしています。

　一方、以前から欠席が目立ち、給食費の滞納を繰り返すGさんの様子を心配した担任は家庭訪問をしました。しかし、会えたのはGさんのみで、玄関から見えたのは足の踏み場のないリビングの様子でした。担任は、その状況をFさん世帯の担当ケースワーカーに報告しました。

図 学級担任によるGさんの給食費滞納の状況確認

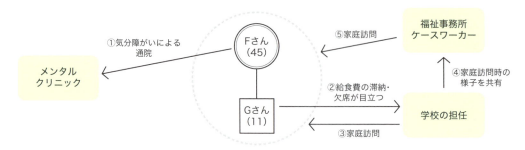

2 家庭訪問により共有されたFさんの悩み

　Gさんの担任からの連絡を受け、ケースワーカーもFさん宅を訪問して状況確認をすることにしました。Fさんと会うことができたので、近況を確認すると「生活保護費や児童扶養手当を受けて生活しているのですが、携帯電話、電気・ガス料金をはじめいろいろな請求が届いていて、何をどの順番でいくら払ったら良いのか分からなくなって混乱している。残ったお金では家賃も払えないし、電話やメールは督促の連絡ばかりなので出ないようにしています。混乱して体調が悪くなると何も手につかなくなるので息子に買い物を頼んでいます。いつもお金が続かなくって困っていてお金の心配をすることがストレスになってつらいです」と話していました。

　Fさんは、これまで自身で抱えていた悩みをケースワーカーに打ち明けることができたことにより、表情が少し和らぎました。

図 ケースワーカーの家庭訪問により明らかとなったFさんの家計管理に対する悩み

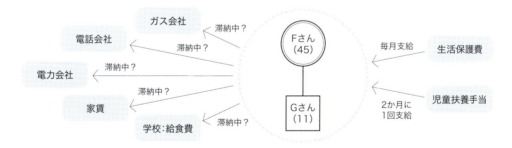

3 家計改善に向けた取り組み

　Fさんの思いを受け止めたケースワーカーは、現在のFさんにとって家計管理が大きなストレスであると考えて、家賃と給食費については福祉事務所による代理納付に切り替えること、家賃やガス・電気代などの滞納分の支払いや生活費の管理などについて生活保護制度の自立支援プログラム（※4）の１つである被保護者金銭管理支援事業（※5）（以下、金銭管理支援事業）の利用を提案しました。

　Fさんから金銭管理支援事業の利用について同意が得られたことから、事業担当者に事業利用の契約の手続きを進めました。

4 金銭管理支援事業の利用による家計改善への取り組み

　ケースワーカーとＦさん宅を訪問した事業担当者は、Ｆさんの家計管理に対するこれまでの不安や絶望感、これまでに悩みを打ち明けられなかった孤立感などの気持ちを受け止めながら、Ｆさんの生活状況や意向を踏まえながらアセスメントを実施し、協働で家計支援計画書を作成しました。その中で「漠然と返済の見通しがつかない」「お金が足りない」と感じていたことが、「どの程度の金額が足りないのか」を「見える化」することで、目標の共有化を図るとともに、ケースワーカーには、公共料金や家賃の滞納分の分割での納付等に関する事業者との調整を依頼し、家計支援計画書に基づく支払代行、１週間分の生活費を届ける際にＦさんによる家計管理の状況を面談により把握することにしました。

図 家計改善に向けた提案：代理納付と金銭管理支援事業の利用

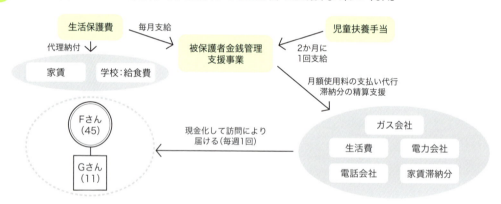

※４　平成16年12月、社会保障審議会福祉部会「生活保護制度の在り方に関する専門委員会報告書」にて自立支援プログラムの導入が提言されて以降、都道府県等に対して自立支援プログラムによる積極的な自立支援の取り組みを促しています。生活保護が「最後のセーフティネット」として機能するためには、被保護者世帯が抱える多様な問題への「多様な対応」が求められます。
　自立支援プログラムは、被保護者世帯の年齢、世帯構成、自立阻害要因の状況に応じた個別多様な自立のあり方を目指すプログラムが策定されています。
※５　心身の理由により適切な金銭管理等を行うことができず、支援が必要と認められる被保護者に対して金銭管理支援事業を実施することにより、安定的な社会生活を営み、意欲や能力を向上させ自立を促進することを目的とした自立支援プログラムの１つです。具体的な支援内容は、実施する自治体により若干異なりますが、①日常生活費の管理支援（生活保護費や年金等の管理と生活費の計画的な支出）、②家賃や公共料金、入院中の方への日用品費の支払い代行、③家電製品の購入などを目的とした貯蓄支援などが主な支援内容となっているようです。

5 金銭管理支援事業の利用によるFさん世帯の変化

　事業の利用開始当初は、生活保護費や児童扶養手当の入金のタイミングや各種支払いのスケジュールの調整が必要であるため家計支援計画書とは異なる対応が見られましたが、数か月後には入出金もスケジュール通りに管理ができるようになりました。

　また、公共料金や家賃の滞納分の精算も順調に進みつつあること、1週間分の生活費をFさん自身で管理しながら生活が維持できているという経験を通して、Fさんに気持ちの波は見られるものの家計管理を理由とした気分の落ち込みは少なくなりました。また、Fさんの安定はGさんが安心して学校へ登校することにもつながりました。

6 現在の状況

　金銭管理支援事業の利用を通じて、家賃や公共料金の滞納分の精算も終了し、これまで精算に充てていた金額を生活費として使うことができるようになりました。2か月後には事業の利用期限を迎えるため、これまでFさんと取り組んできた内容を振り返りながら事業終了の判断を行う方向でケースワーカーとも調整を進めています。

参考文献

● 被保護者家計改善支援事業の実施について（平成30年03月30日　社援保発第330012号）

04

人とのつながりを回復し就職した HさんとIちゃんへの自立相談支援

1 突然の来所、親子ふたりで……

　とある日の夕方、母親Hさん（32歳・女性）とIちゃん（8歳・女の子）は、突然、自立相談支援機関の窓口に来所しました。来所時、Hさんは、Iちゃんの手をぎゅっと握り、緊張している面持ちでした。Hさんの身なりはややみすぼらしく、生気のない表情でした。Hさんはゆっくりと窓口のカウンターまでくると「すみません……。家賃のことを相談できると聞いたのですが……」という。相談員は、家賃のことなどを中心に話を聴くことにしました。

　Hさんは、「今、住んでいる家（アパート）の家賃が払えなくて……」と言い、会話が進んでいくと「3か月前に、仕事ができなくなりました……」という。仕事ができなくなった理由も「体調が悪くて……」を繰り返していました。そのため現在、収入や貯金がほぼないと言います。現在、Iちゃんには食事は用意できているものの、Hさんは1日1食で凌いでおり、それが1か月程度続いている状況でした。

　そのうえで相談員は、自立相談支援事業のパンフレットを用いて、困りごとの相談ができることや、住居確保給付金の説明などをしました。Hさんは、説明を受け「相談受付・申込票」を記入し提出しました。この間、相談員はHさんがメモを取りながら説明を聞き、書類を一生懸命に書く姿から、生真面目さを感じていました。

　また相談員は、Iちゃんのことも気になっていました。面談中も騒ぐこともなく、Hさんのそばでおとなしく座っていました。小学2年生くらいの子どもであれば、もう少し母親に話しかけたり、手遊びしたり、飽きたりしてよいものだが、それらがまったくみられず、どこか浮かない表情でした。

　次回の面談では、住居確保給付金の申請やプラン作成にむけた取り組みなどを一緒に

行うことなどを確認しました。帰り際、HさんとIちゃんが満足に食事を摂れていない状況から、自立相談支援機関からの食糧支援としてフリーズドライ食品や缶詰、お菓子などを手渡しました。Hさんは遠慮していたものの最終的に受け取ってくれました。

図 HさんとIちゃんのジェノグラム

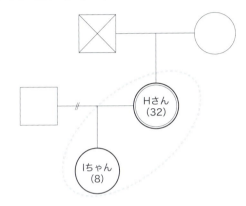

2 Hさんとアセスメント

(1) 住居確保給付金の申請

　後日、面談のためHさんとIちゃんは住居確保給付金の関係書類（本人確認や収入、預貯金額などが確認できる書類）を携えて来所しました。Hさんがそろえた書類には不備がなく、住居確保給付金の関係書類を整え申請に至りました。その後、主訴や現在の状況などを詳しくうかがうことにしました。Hさんは、はじめ「家賃が何とかなれば、大丈夫です」、「あとは、何とかします」、「助けてもらうのは、申し訳ない」などと言っていました。そのため相談員は、Hさんの感情に寄り添いながら、現在の生活や仕事、Iちゃんのことなどを、ともに把握・整理していくように面談を進めました。

(2) 家計の不安と離職理由

　少しずつ、Hさんは、現在の家計や生活状況、Iちゃんのことを語りはじめました。
　家計の状況は芳しくない状況でした。日々の食費や日用品などは、クレジットカードのリボ払いを利用していました。その支払い（返済額など）が膨らんできており、返済がままならない状況でした。また公共料金などにも滞納がみられ、Hさんの家庭の家計

04 人とのつながりを回復し就職したHさんとIちゃんへの自立相談支援　　169

状況が日を追うごとに悪化していました。

　次に、Hさんの離職理由です。はじめこそ「体調が悪くて」を繰り返していました。しかし、会話を進めていくと離職に至る経過をボツボツと語りはじめました。Hさんによれば、5年前に夫から逃げるように離婚しました。Iちゃんを育てるためにはスーパーマーケットのパートだけでは生活ができず、派遣会社に登録し、事務の仕事をするようになりました。そのため離婚後、Hさんの生活は、昼が事務職、夜がパートの仕事となり、ダブルワークと子育ての生活がはじまりました。

　仕事の内容自体に不満はなかったものの、時間に追われ、あまり人と話すこともなく、孤独感を抱えていたと言います。そんな矢先、Hさんは、パート先からもっと、たくさんシフトに入ってもらいたいと言われましたが、それを断りました。するとその後、パート仲間の対応が冷たくなり、悪口やうわさ話が絶えなくなり、業務にも支障をきたすようになりました。

　この間、Iちゃんは実母の元で預かってもらっていました。ところが実母のところにIちゃんを送り迎えするたびに、実母から小言を言われるようになりました。実母の小言にHさんは辟易しており、Iちゃんも行きたがらず、グズるようになりました。当時、実母以外のところでIちゃんを預けられる所がありませんでした。また当時、保育サービスなどの利用は、費用がかかるため利用したくないと思っていました。

　そして、1年前のある日、仕事や子育て、日常もすべて嫌になり、Hさんは「もう、耐えられなくなりました……」と語りました。離婚後、多忙な仕事、子育て、うまくいかない実母との関係から、言葉には表せない虚無感におそわれ、何もかも、やる気がお

図 ダブルワーク・子育て期

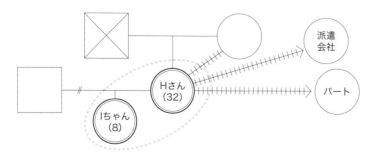

きなくなり、仕事をすべて辞め、実母にⅠちゃんを預けることもしなくなったと当時の気持ちを吐露しました。

（3）Ⅰちゃんの様子

また当時、ＨさんはⅠちゃんに対するかかわりが薄れ、Ⅰちゃんが話しかけてきても、ちゃんと接してあげられなかった時期がありました。そのうちⅠちゃんもＨさんに対して、あまりかかわってこなくなり、今から思えば、Ⅰちゃんに悪いことをしたと思っていました。現在、Ｈさんは、少しずつⅠちゃんに話しかけるようにしています。しかしⅠちゃんは、そっけない態度をとるか、家でグズることが多いと言います。

Ｈさんによれば、Ⅰちゃんは、半年ほど前から学校に行きたがらず、家ではグズっていると言います。相談員はⅠちゃんと二人きりのときに、学校の様子を聴いてみました。はっきりと言わないものの、学校では友達が少なくひとりでいることも多く、勉強もあまりついていけていない様子でした。また、Ｈさんや祖母（Ｈさんの実母）のことを聴いてみました。Ⅰちゃんは自宅で「前は、ママはすぐ怒ったり、泣いたりするの。私のことあまり好きじゃないみたい」と言っていました。祖母のことは、「ママの悪口ばかりいっている」と言い、Ｈさんの悪口をいう祖母のことを好ましく思っていないようでした。

面談を通じて、Ｈさんは心底疲れ切った表情をしていることから、相談員は「心身の休息や、これからの生活や家計の改善、仕事は焦らず探していくことなどを私たちと一緒に考えていこう」と伝えました。面談を終えて相談員の見立てとして、Ｈさんは住むところを失うのではないかという不安、預貯金も減りお金のやりくりが難しいこと、Ⅰちゃんとの関係などが心の負担になっていると考えました。Ⅰちゃんについては、Ｈさんとの親子関係のわだかまりを解いていく必要性があると感じていました。

③ Ｈさんと一緒に支援方針

後日、住居確保給付金の決定通知書も届き、そのまま現在の住まいで生活を続けることができるようになりました。住居確保給付金が決まり、当面の住まいが安定したことからＨさんは安心した様子でした。そしてＨさんは「家賃や生活費に不安がない生活をしたい」と話し、それに向けて「仕事につきたい」という希望が語られました。そのため相談員との面談も前向きに取り組む姿勢がみられました。Ｈさんと相談員は、これま

での面談の状況を整理し、現在の家計状況から、家計を見える化し、管理の仕方・計画などが上手にいくように家計改善支援事業の活用を検討しました。就労についても、希望の職種などについて話し合いました。またHさんとIちゃんが他者とのつながりが少ない状況から、子ども食堂や地域のイベントなどに参加してみることなども検討しました。

　面談を通じて、
1）事務関係の仕事を希望しており、経理の仕事を探すため求職活動をすること（自立相談支援機関による就労支援）。
2）現在の家計の状況を見える化し、家計状況の改善を図ること。そして各種滞納・債務などの解消をはかるため法テラス等に相談すること（家計改善支援事業の活用）。
3）子ども食堂への参加等を通じて居場所をつくる

などの目標を設定しました。またHさんにIちゃんの様子を伝え、親子間のわだかまりを取り除くためにも子ども食堂や地域イベントへの参加を促しました。

　支援調整会議では、Hさんのプラン案や必要な情報などを市役所、学校、子ども食堂の運営者、民生委員などで情報やサービス等の適切さなどを共有し支援決定となりました。またその際、学校関係者にIちゃんの様子を伺ったところ、校内ではひとりで過ごしていることが多いものの、友達はいるようで、いじめなどにはあっていないと言います。学習面では若干の遅れがあるものの、まったく勉強についていけていないわけではないそうです。ただし宿題などができていないことが時々あるということでした。

4　Iちゃんの笑顔とHさんのつながりの回復

　支援がはじまり、Hさんは就職活動を行いながら、Iちゃんと一緒に子ども食堂に通っていました。Iちゃんは、参加する子どもたちとはやくも打ち解けていました。Hさんは参加してもあまり話さず、うつむいた様子でした。

　ある面談のとき、Hさんに子ども食堂の様子を聞いたところ、Iちゃんが自宅でもよく子ども食堂の友達のことを楽しそうに話すようになったと言います。そしてHさんも子ども食堂のスタッフから気にかけてもらい、就職活動やIちゃんのことを話すようになったと言います。今では時折、親子で

子ども食堂のお手伝いをしているそうです。そしてHさんが子ども食堂のお手伝いをしていたとき、はじめて来られた母親に声をかけてみました。そうするとそのまま悩み相談になり、その母親から「ありがとう」と言われたのが嬉しかったようです。Hさんは、「これまで、あんまり人から『ありがとう』なんて、言われることがなかったから、何か、嬉しかったぁ」と喜んでいました。

　Hさんは、はじめ子ども食堂とのスタッフとあまり話しませんでした。Hさんは、人とかかわるときに、過去の経験が思い出され、話すことによって、悪いうわさ話や嫌がらせにあうのではないかと思っていました。子ども食堂に通うたびに、スタッフや周りの人が声をかけてくれて、取り留めのない話をしていくなかで、自然と自分のことも話せるようになっていたと言います。

5　Hさんの再就職

　この間、家計改善支援事業を活用し、法テラスなどへの相談を通じて滞納・債務関係の整理や今後、家計管理・維持の見通しなども立ちはじめました。そしてHさんも積極的に就職活動を行っており、いくつか最終面接まで進んでいました。またこの間、Iちゃんは、子ども食堂に通っており、Hさんが就職活動や単発のアルバイトでいけない時は、Iちゃんがその様子を楽しそうに話してくれるそうです。とある日、Hさんは、Iちゃんに対して過去にちゃんと接してあげられなかったことや当時の自分の状況、今は後悔

図　Hさんの再就職時

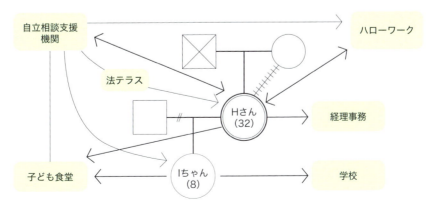

04　人とのつながりを回復し就職したHさんとIちゃんへの自立相談支援

していることを伝えました。Ｉちゃんは「気にしてないよ」との素っ気ない返答でしたが、その後、Ｈさんに呼びかけることが増え、勉強をみてほしいなど、自宅で色々な変化があったようです。

支援を開始してから３か月後、Ｈさんに正社員での採用通知が届きました。希望通りの経理事務の仕事でした。Ｈさんと相談員は互いに喜びました。再就職に向け、Ｈさんは、以前の人間関係の拗れもあるため少し不安もありましたが、「がんばって働いていきたい」と言います。そしてＨさんは「今は、みんなに相談もできるしね」と子ども食堂で出会った人たちの名前をあげ、笑顔で話していました。

6 課題の解決とつながりの回復

その後、Ｈさんは、経理事務の仕事を継続し、子ども食堂へもＩちゃんと一緒に通っています。自立相談支援事業などを通じて、Ｈさんが本人の自尊感情の低下や家賃滞納、債務、失業状態などのさまざまな不安と課題を抱えていることがわかりました。相談員は、それら課題を整理し目標を立て解決に取り組みました。重要な点は、これらすべての過程がＨさんとＩちゃんとともに行われたことです。この過程を通じてＨさんとＩちゃんに課題解決する力が育まれ、そして小さな成功体験を積み重ねることで自尊感情を回復させていきました。

そしてＨさんとＩちゃんは、相談当初、孤独・孤立した状態にありました。親子、実母、職場、学校などあらゆる機関との関係性が乏しくなっており、地域に居場所がなかったかもしれません。また他者から受け入れられている実感をもてなかったのかもしれません。そのためＨさんとＩちゃんが抱える諸課題の解決とともに、孤独や孤立も解消していかなければなりませんでした。幸いＨさんとＩちゃんは、地域の子ども食堂とつながることに関して拒否的ではありませんでした。しかし子ども食堂の参加当初、Ｈさんには過去の体験から猜疑心がみられ、人とかかわることに二の足を踏んでいました。この点も相談員のフォローや子ども食堂のスタッフの配慮があるかかわりからＨさん自身のなかに変化が生じ、他者とのかかわりや居場所という感覚を得るようになっていきました。この変化はＨさんの再就職時の不安を和らげ、自らの力で乗り越える勇気と覚悟、そして実行力をもたらしたと言えます。Ｉちゃんについても同様で学校以外の居場所ができたことで、友人関係や学習への良い影響をもたらしたといえます。

またこの事例は、社会的に孤立しかけ、孤独感を抱いていたHさんとIちゃんに、つながり続けることを目的とした伴走型支援を実践した一つのかたちといえます。

図 HさんとIちゃんの相談支援の過程

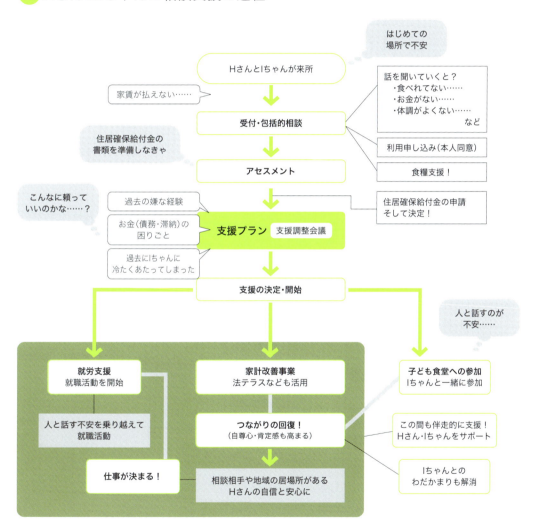

04 人とのつながりを回復し就職したHさんとIちゃんへの自立相談支援

05

生活福祉資金貸付制度を通じて
Ｊさん世帯の自立を包括的に支援した事例

1 背景

　Ｊさん（50代・男性）はうつ病があり、精神障害者保健福祉手帳3級を所持しています。持ち家で80代の母親、50代の妹と3人暮らしをしています。

図 Ｊさん世帯のジェノグラム

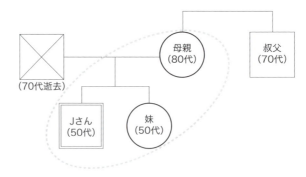

2 Ｊさんのこれまでの生活

　Ｊさんは大学を卒業後、製造業の会社で事務職をしていました。これまで真面目に仕事を続けてきましたが、40代で職場の人間関係で悩むようになり、その影響から眠れなくなることが出てきました。精神科病院を受診したところ、うつ病と診断され、精神障害者保健福祉手帳を取得しました。うつ病で調子が悪い時もありましたが、母親と妹を支えるために一生懸命に仕事を続けてきました。

家事はおおむね母親と妹がやっていましたが、母親も高齢になってきて体調不良等が目立つようになり、近所の友人からも心配されるようになりました。妹は統合失調症を発症しており、精神障害者保健福祉手帳２級を所持しています。

　最近はＪさんと妹の関係性が悪く、喧嘩になることもしばしばあるため、家族それぞれが気を遣いながら生活しています。母親のADL（日常生活動作）が低下してくるにつれ、次第にＪさんにかかる介護負担も増えていきました。それに伴いＪさんも精神的に不安定な状態となり、仕事に集中することが難しく、仕事を休むようになったことで、これから先のことを考えた時、家族の面倒を見ていくことに対しても不安を感じるようになりました。そのような不安等の影響からＪさんの就労が困難な状態となり失業されました。しばらくはこれまでの貯金で生活してきましたがそれも底をつき、叔父にお金の相談をするようになりました。それでも生活費が足りず、生活が困窮した時、社会福祉協議会に生活福祉資金の貸付相談がありました。

　「生活福祉資金貸付制度」は、低所得者や高齢者、障害者の生活を経済的に支えるとともに、その在宅福祉および社会参加の促進を図ることを目的に、継続的な相談支援を実施する制度です。

3 Ｊさん世帯の生活状況（ニーズの把握）

　本人との電話相談で現在の生活状況を伺うと、Ｊさんが失業状態にあり、不安な心境を言葉に詰まりながらも語ってくれました。相談中に感情的になって泣かれる場面もあり、共感的に傾聴することを心掛けながら次回の面談の約束をしました。Ｊさん世帯としての経済的な困窮が考えられたため、生活福祉資金貸付制度、生活困窮者自立支援制度の利用を検討しました。

　初回はＪさんと妹が２人で来所しました。現在の生活状況を伺う際に、生活就労支援センター（生活困窮者自立支援法に基づく自立相談支援機関）の相談支援員も同席して、兄妹それぞれの気持ちと生活状況を確認することができました。相談受付・申込票を記入していただく際に個人情報の取り扱いについて説明しながら、他の専門機関とも情報共有をして連携していくことへの同意を得ました。

　世帯の状況として複数の課題が想定されたため、本人の了解を得て地域包括支援センター、市の障害者支援担当課と情報の共有をしました。

05　生活福祉資金貸付制度を通じてＪさん世帯の自立を包括的に支援した事例　　177

4 家計表を一緒に作成

　Jさんと一緒に家計表を作成しながら、世帯の生活実態を一緒に確認しました。家計収支の様子を伺うと、世帯の収入に対して、支出が多く家計を圧迫していました。Jさんの世帯としての1か月収支は図のとおりであり、1か月約10万円の赤字となっていました。

　支出内容のなかで食費、灯油代、医療費を切り詰めており生活に影響が出ていました。母親からは「お米を買うお金もない」とのことで、叔父や近所の方に食材を提供してもらいながら、何とか生活をされている実態も見えてきました。そのため、生活困窮者自立支援制度における自立相談支援事業として生活就労支援センターに依頼をして、緊急的にフードバンクを活用した食糧支援、新型コロナウイルス感染症対策支援を活用した灯油提供を併せて実施しました。また、Jさんが就労を希望する意向を確認して、ハローワークとの連携による就労支援も行いました。

図 Jさん世帯の1か月収支

(収入)

費目	内容	金額(円)
就労収入(現在は失業中)	Jさん	0
老齢基礎・遺族年金	母親	70,000
障害年金	妹	50,000
合計		120,000

(支出)

費目	内容	金額(円)
食費	3人分	50,000
光熱水費	電気・ガス・水道	30,000
	灯油	10,000
燃料費	ガソリン(2台分)	10,000
通信費	電話・インターネット	20,000
医療費	3人分	20,000
税金・保険	Jさん世帯分	30,000
雑貨費	生活用品	20,000
その他	たばこ他	30,000
合計		220,000

5 緊急小口資金貸付を利用

　Jさんは生活就労支援センターの相談支援員と一緒に就職活動を行い、通院する精神科病院の主治医と体調の相談をしながら、新たな就職先として製造業の会社に決まりました。しかし、初回給与までに世帯の生計維持が困難であったため、緊急小口資金を借り入れたいとの希望がありました。これまで生計中心者であったJさんが借入申込者となり、障害者世帯での申請となります。都道府県社会福祉協議会（以下、都道府県社協）への貸付申請にあたっては、市区町村社会福祉協議会（以下、市区町村社協）が窓口となり、Jさん世帯への生活福祉資金（緊急小口資金）の下記の図の書類を準備していただきました。貸付額を初回給与が支給されるまでの生計維持に必要な10万円として、2か月の据置期間、無利子で毎月約8,400円を12か月で償還するという計画で貸付申請をしました。

　Jさん世帯の生活困窮状態からの自立を目的として、市区町村社協にて関係者による生活福祉資金貸付申請に伴う審査会を開催しました。これまでのJさんは失業しており貯えも全て失ったため、世帯として生活費が捻出できませんでした。しかし、新たな職

図 申込書類および添付書類

I 申込書類（緊急小口資金）	(1) 福祉資金借り入れ申込書 (2) 相談時家計表及び家計計画表 (3) 社協調査意見書 (4) 自立相談支援機関意見書
II 添付書類（緊急小口資金）	(1)住民票（世帯全員分） (2)身分証明書（運転免許証の写し） (3)障害者手帳の写し（Jさん、妹） (4)世帯の収入がわかる書類 　・Jさんの通帳の写し（過去3ヶ月分程度） 　・年金証書の写し（母親、妹） (5)雇用を証明する内定書 (6)借用書・送金依頼書・口座振替依頼書

05　生活福祉資金貸付制度を通じてJさん世帯の自立を包括的に支援した事例

場での就労による収入も見込めるため、毎月の返済は可能であると考えました。よって初回給与が支給されるまでの生活費が不足するため、緊急小口資金の貸付は適当であると判断がされ、貸付申請の許可が下りました。その後は都道府県社協での貸付の審査を経て、生活福祉資金決定通知書により緊急小口資金の交付となり、支払いが滞っていた公共料金等の生活費を支払うことが出来ました。Jさんとの面談で10万円の振り込み確認をした際には、「母と妹から感謝の言葉がありました」と安堵した表情で話されました。

6 Jさん世帯の自立を包括的に支援するために

　Jさん世帯は家族それぞれが生活の不安から精神的、身体的に不安定な状態があり、市区町村社協単独での支援は困難でした。そこで、様々な関係機関の連携が必要だと考え、複合化している課題に対応するために重層的支援体制整備事業の利用を検討しました。

　重層的支援体制整備事業とは、「市町村において、すべての地域住民を対象とする包括的支援の体制整備を行う事業」とされ、そのような体制を支えるためのアウトリーチや多機関協働の機能を強化していきます。多機関連携事業における重層的支援会議を開催することで、対応が困難な事例に対して、専門職間による役割分担、支援状況を共有し、Jさん世帯の自立に向けた課題解決を目標としていきます。

　生活就労支援センターの相談支援員は、地域包括支援センターの保健師と一緒に自宅訪問をして、アウトリーチ支援をすることでそれぞれの顔が見える関係づくりを心がけました。そのことにより精神科病院の主治医と医療ソーシャルワーカーから医療情報を共有することができました。また、生活就労支援センターの支援プランに沿って、現在の生活状況から必要に応じた食糧等の物資を支援しながら生活の安定を図っていきました。家計改善支援事業として家計相談表を利用しながら自立についての計画を一緒に考えることにより、これまでは苦手だった家計を見直す機会としました。収入については緊急小口資金貸付の入金とJさんの就労継続による増収を確認しました。支出についてJさんは家族が嗜好品にお金をかけ過ぎていることに対するストレスがあり、たばこ代、嗜好品代の見直しを実施することにしました。こうした取り組みはJさんだけで無く、世帯としての支援となるため、家族も交えて自立支援プランの共有をし、家族それぞれに対するアプローチにもつながりました。

図 Jさん世帯への包括的な支援体制づくり

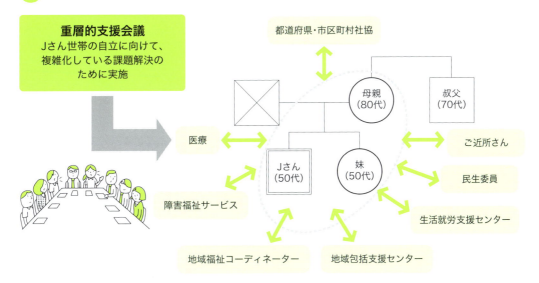

7 生活福祉資金貸付制度を利用したJさん世帯のこれから

　Jさんはその後も製造業の会社での就労が続いており、生活福祉資金の償還についても予定通りに毎月の引き落としが実施されています。妹は障害福祉サービスにつながり、就労継続支援B型を利用するようになりました。このようにJさん世帯の収入が安定してきたことにより、生活困窮状態が解消されたため、生活就労支援センターの自立支援プランは一旦終了となりました。しかし、現在もJさんや妹は高齢の母親を心配しており、介護保険サービスの利用を検討しています。そこで地域包括支援センターの保健師と連携をしながら訪問、架電によるアウトリーチ支援で心身の安否確認を続けています。また、地域の民生委員からの「買物に困っているようだ」との情報提供もあり、地域福祉コーディネーターが一緒に訪問をして地域の社会資源を活用した地域共生的な支援にもつながっています。

生活福祉資金貸付制度は、Ｊさん世帯が利用した福祉資金の他にも総合支援資金、教育支援資金、不動産担保型生活資金があり、それぞれの世帯の状況と必要に合わせた資金貸付け等を行います（第４章を参照）。世帯の一人ひとりの相談を丁寧に聴くことが信頼関係につながり、世帯の自立した生活を支える支援の一つとなります。

図 地域共生社会

出典：厚生労働省「地域共生社会ポータルサイト」

参考文献
- 社会福祉法人　全国社会福祉協議会「令和６年度版　生活福祉資金の手引」
- 厚生労働省「地域共生社会のポータルサイト」（https://www.mhlw.go.jp/kyouseisyakaiportal/）

索引

あ

医師	136,140
一時生活再建費	95
一時生活支援事業	74,82
医療扶助	30,32,60
──事務手続きの流れ	33
医療保護施設	32,36
医療保護入院	136
永住者	26
エンゲル方式	42

か

外国人	26
介護扶助	30,34
──給付事務手続きの流れ	35
介護保険料	34
格差縮小方式	42
家計改善支援事業	58,74,84
家計計画表	85
家族	6,136,150
家庭裁判所	148
家庭の生活実態及び生活意識に関する調査	4,24
稼働能力	28
関係的／象徴的な側面	2
看護師	136,140,156
基準及び程度の原則	20
キャッシュフロー表	85
救護施設	36
救護法	12
求職者支援制度	104

旧生活保護法	12
級地制度	42
教育支援資金	94
教育支援費	95
教育扶助	30,50
居住支援事業	75,83
居宅生活訓練事業	36
緊急小口資金貸付	94,96,122,179
金銭管理支援	55,164
勤労控除	40,46,49
国の役割	114
ケアプラン	138
ケアマネジャー（介護支援専門員）	124,138,160
経済生活の困難	7
経済的自立	54,92
ケースワーカー	130
血縁	6
現業員	119,130
健康で文化的な最低限度の生活	10,18,114
現在地保護	155
公営住宅制度	106
公共職業安定所	78,126
公的扶助	10,12
公認心理師	136
国民生活基礎調査	8
個人的経費	44
国家責任の原理	20
ゴドウィン訴訟	26
子ども食堂	150,172
子どもの学習・生活支援事業	74,86
子供の貧困対策に関する大綱	110
こどもの貧困の解消に向けた対策の推進に関する法律	110
雇用・就業の不安定化	6

183

さ

再審査請求･･････････････････････68,148
最低生活の原理････････････････････ 20
最低生活の保障･･････････････････12,18
最低生活費････････････････40,44,49
査察指導員･････････････････････119,130
産業医･････････････････････････････140
シェルター事業･･･････････････････ 82
支援会議･････････････････････････75,88
支援調整会議･････････････････88,172
資産････････････････････････････24,28
──調査･･････････････････････46,63
市町村の役割････････････････････116
指定医療機関････････････････････ 32
指定介護機関････････････････････ 34
児童委員･･･････････････････････････146
指導及び指示････････････････････ 52
自動車の保有････････････････････ 24
ジニ係数･･･････････････････････････ 6
社縁･･････････････････････････････ 6
社会関係の希薄化･･････････････ 6
社会生活自立････････････････････ 54
社会生活の困難･････････････････ 7
社会的自立･････････････････････18,54
社会福祉協議会････92,120,122,177
社会福祉士･････････････124,132,138
社会福祉住居施設････････････ 38
社会福祉主事･･･････････119,130,146
社会保障制度････････････････････ 10
就学支度費･･･････････････････････ 95
住居確保給付金･･･････････74,78,169
重層的支援体制整備事業･･････144,180
住宅セーフティネット法･･･････････106
住宅入居費･･･････････････････････ 95

住宅扶助･････････････････････････ 30
収入認定額･･･････････････････････ 46
就労訓練事業･･･････････74,80,116,120
就労支援員･････････････77,80,120,142
就労準備支援事業･････････････74,80
就労自立給付金･･･････････････････ 48
宿所提供施設････････････････････ 36
授産施設･････････････････････････ 36
恤救規則･････････････････････････ 12
出産扶助･････････････････････････ 30
主任児童委員･･････････････････････146
主任相談支援員･･･････････････77,142
所得格差･････････････････････････ 6
所得再分配･･･････････････････････ 6
自立支援プログラム･･･････54,64,165
自立相談支援機関･･･76,79,82,88,96,120,142,168,177
　──による就労支援･･････････ 80
　──の相談支援プロセス･･･････ 77
　──の役割･･･････････････････120
自立相談支援事業･･･74,76,88,120,122,142,168
自立の助長･････････････････18,46,114
資力調査････････････････････46,65,130
進学・就職準備給付金･･････････ 50
審査請求････････････････････26,68,148
申請保護の原則･･･････････････20,62
水準均衡方式････････････････････ 42
スクールソーシャルワーカー･･････132
スティグマ･･･････････････････････ 2
生活困窮者自立支援制度･･････11,59,72,177
　──との連携･･･････････････96,151
　──の体系･･･････････････････ 75
　──の相談支援の流れ･･･････ 88
生活支援体制整備事業･･･････････144
生活支援費･･･････････････････････ 95

生活支援コーディネーター（地域支え合い推進員）…144
生活福祉資金貸付制度………………92,176
　　──貸付手続きの流れ…………………96
　　──の貸付資金の種類………………94
　　──の貸付条件………………………94
　　──の貸付対象………………………93
生活扶助…………………………………30
　　──基準…………………40,42,44
　　──義務関係…………………………22
生活保護基準……………………………42
生活保護受給者等就労自立促進事業…56,80,126
生活保護制度……………………………72
　　──の基本原理と原則………………20
　　──受給の手続き……………………63
　　──の相談支援プロセス……………67
　　──の扶養義務………………………22
　　──の目的……………………………18
生活保護法…………………………12,18
生活保持義務関係………………………22
生業扶助…………………………………30
精神保健福祉士…………………………134
生存権……………………………12,18,114
成年後見制度…………………………122,148
セーフティネット……………………10,73
　　第1の──……………………………10
　　第2の──…………10,72,104,142
　　最後（第3）の──…………………10
世界金融危機……………………………14
世帯共通経費……………………………44
世帯更生資金貸付制度…………………92
世帯単位の原則…………………………20
世帯内就学………………………………50
世帯分離…………………………………50
絶対的貧困…………………………………2

絶対的扶養義務者………………………23
総合支援資金……………………………94
葬祭扶助…………………………………30
相対的貧困…………………………………2
相対的貧困率…………………………8,86
　　──の推移…………………………8,111
相対的扶養義務者………………………23
相談及び助言……………………………52
相談支援員…………………77,120,177
相談時家計表…………………………85,179

た

退院後生活環境相談員…………………136
単給……………………………………30
地域移行支援……………………………154
地域居住支援事業………………………82
地域住民…………………………144,150
地域福祉コーディネーター……………144
地域包括支援センター……124,140,148,177
地縁………………………………………6
定住者……………………………………26
程度の決定……………………………40,44
等価可処分所得……………………………8
都道府県の役割…………………………116
取消訴訟…………………………………68

な

ナショナル・ミニマム…………………10
日常生活支援住居施設…………………38
日常生活自立……………………………54
日常生活自立支援事業…………………122
日常生活の困難……………………………7
日本国憲法………………………12,18,114
日本司法支援センター（法テラス）……148,172

185

ネットカフェ難民‥‥‥‥‥‥‥‥‥109

は

ハローワーク‥‥‥‥‥56,78,104,126,154
必要即応の原則‥‥‥‥‥‥‥‥‥‥‥ 20
被保護実人員‥‥‥‥‥‥‥‥‥‥‥‥ 14
被保護者
　　——家計改善支援事業‥‥‥‥‥‥ 58
　　——健康管理支援事業‥‥‥‥‥‥ 60
　　——就労支援事業‥‥‥‥‥‥‥‥ 56
　　——就労準備支援事業‥‥‥‥‥‥ 56
　　——調査‥‥‥‥‥‥‥‥‥‥‥‥ 14
　　——の義務‥‥‥‥‥‥‥‥‥‥‥ 66
　　——の権利‥‥‥‥‥‥‥‥‥‥‥ 66
被保護世帯数‥‥‥‥‥‥‥‥‥‥‥‥ 14
標準生計費方式‥‥‥‥‥‥‥‥‥‥‥ 42
貧困‥‥‥‥‥‥‥‥‥‥‥‥‥‥‥‥‥ 2
貧困線‥‥‥‥‥‥‥‥‥‥‥‥‥‥‥‥ 8
貧困の連鎖‥‥‥‥‥‥‥‥‥‥‥‥‥ 86
貧困ビジネス‥‥‥‥‥‥‥‥‥‥ 38,100
福祉資金‥‥‥‥‥‥‥‥‥‥‥‥‥‥ 94
福祉事務所‥‥‥ 22,32,35,52,62,116,118,130
福祉費‥‥‥‥‥‥‥‥‥‥‥‥‥‥‥ 95
扶助基準額‥‥‥‥‥‥‥‥‥‥‥‥‥ 44
不動産担保型生活資金‥‥‥‥‥‥‥‥ 95
不服申立て‥‥‥‥‥‥‥‥‥‥‥‥ 26,68
　　——の手続きの流れ‥‥‥‥‥‥‥ 69
扶養義務‥‥‥‥‥‥‥‥‥‥‥‥ 22,150
扶養照会‥‥‥‥‥‥‥‥‥‥‥‥‥‥ 22
併給‥‥‥‥‥‥‥‥‥‥‥‥‥‥‥‥ 30
弁護士‥‥‥‥‥‥‥‥‥‥‥‥‥‥‥148
ホームレス‥‥‥‥‥‥‥‥‥‥‥‥‥108
ホームレス自立支援法‥‥‥‥‥‥‥‥108
保健師‥‥‥‥‥‥‥‥‥‥‥‥‥136,161

保護施設‥‥‥‥‥‥‥‥‥‥‥‥‥‥ 36
保護の補足性（の原理）‥‥‥‥‥ 20,22,28
ボランティア‥‥‥‥‥‥‥‥‥‥‥‥150

ま

マーケット・バスケット方式‥‥‥‥‥ 42
ミーンズ・テスト‥‥‥‥‥‥‥ 46,65,130
民生委員‥‥‥‥‥‥‥‥‥‥ 96,146,181
無縁社会‥‥‥‥‥‥‥‥‥‥‥‥‥‥‥ 6
無差別平等の原理‥‥‥‥‥‥‥‥‥‥ 20
無料低額診療事業‥‥‥‥‥‥‥‥‥‥102
無料低額宿泊所‥‥‥‥‥‥‥‥‥ 38,100

や

ヤングケアラー‥‥‥‥‥‥‥‥‥‥‥150
要否の判定‥‥‥‥‥‥‥‥‥‥‥ 40,44
要保護世帯向け不動産担保型生活資金‥‥ 95

ら

リーマンショック‥‥‥‥‥‥‥‥‥‥ 14

欧文

GHQ（連合国軍総司令部）‥‥‥‥‥ 12
OECD（経済協力開発機構）‥‥‥‥‥‥ 8

執筆者一覧

[編著]

鈴木 忠義（すずき・ただよし）　　はじめに／第1章／第2章
長野大学 社会福祉学部／大学院総合福祉学研究科 教授

[著者（執筆順）]

松岡 是伸（まつおか・よしのぶ）　　第3章／第8章04
北星学園大学 社会福祉学部／大学院社会福祉学研究科 教授

三宅 雄大（みやけ・ゆうだい）　　第4章
お茶の水女子大学 基幹研究院 人間科学系 助教

遠藤 康裕（えんどう・やすひろ）　　第5章
日本女子大学 人間社会学部社会福祉学科 助教

松江 暁子（まつえ・あきこ）　　第6章
国際医療福祉大学 医療福祉学部医療福祉・マネジメント学科 准教授

矢野 亮（やの・りょう）　　第7章
長野大学 社会福祉学部／大学院総合福祉学研究科 教授

櫻井 真一（さくらい・しんいち）　　第8章01～03
武蔵野大学 人間科学部社会福祉学科 講師

中村 正人（なかむら・まさと）　　第8章05
社会福祉法人伊那市社会福祉協議会 地域福祉課 生活相談係 主任相談支援員

図解でわかる生活保護

2025年1月30日　発行

編　著　　　鈴木忠義
発行者　　　荘村明彦
発行所　　　中央法規出版株式会社
　　　　　　〒110-0016　東京都台東区台東3-29-1　中央法規ビル
　　　　　　Tel 03(6387)3196
　　　　　　https://www.chuohoki.co.jp/

印刷・製本　株式会社ルナテック
装幀デザイン　二ノ宮匡（ニクスインク）
本文・DTP　ホリウチミホ（ニクスインク）
イラスト　　大野文彰

定価はカバーに表示してあります。
ISBN978-4-8243-0172-7
本書のコピー、スキャン、デジタル化等の無断複製は、著作権法上での例外を除き禁じられています。また、本書を代行業者等の第三者に依頼してコピー、スキャン、デジタル化することは、たとえ個人や家庭内での利用であっても著作権法違反です。
落丁本・乱丁本はお取り替えいたします。
本書の内容に関するご質問については、下記URLから「お問い合わせフォーム」にご入力いただきますようお願いいたします。
https://www.chuohoki.co.jp/contact/

A172